꽃 피니 나무가 보인다

박종국 제14수필집

오늘의
문학사

꽃 피니

나무가 보인다

작가의 말

이른 봄날 길을 걷고 산자락을 걷는다. 벚꽃이 소담하고 현란하게 피었다. 그 때 비로소 그 나무가 벚나무였음이 새삼 눈에 들어왔다. 평소에는 그렇게 나무가 많아도 나무에는 그다지 관심이 없었다. 생전 처음 보는 꽃도 아닌데 지나는 사람마다 환호를 한다. 여기 저기 그렇게 벚나무가 많은 줄 몰랐다. 저토록 고운 꽃을 피우니 나무도 그럴 것 같아 새삼 위대하기까지 하였다. 그런데 꽃이 지면서 나무는 볼품없고 눈길은 매정하게 다른 꽃으로 옮겨갔다. 일 년을 기다려야 제 모습을 다시 찾을 수 있을 것이다. 비록 나무는 보잘것없었는지 몰라도 꽃이 아름다워 나무가 새롭게 보였던 것이다. 꽃 덕분에 나무의 이름이 되살아난 것이다. 어디 벚나무만 그러랴. 아이러니하게도 꽃이 피니 나무가 보인 것이다.

가을이 깊어 가고 은행나무가 샛노랗게 물들면서 시내 도로변이 화려한 단풍으로 뒤덮였다. 그동안 숱하게 오고갔던 길이지만 은행나무가 이렇게 많은 줄은 미처 몰랐다. 솔직히 가로수 종류에는 관심조차 없었다. 그런데 갑자기 은행나무가 다시 보이는 것이다. 비록 꽃은 아니지만 꽃 못지않은 단풍인 것이다. 어디 은행나무만 그러랴. 매년 반복되는 현상이지만 그 때마다 새롭기만 하다. 까맣게 잊고 지냈던 친구가 성공했다는 소식이 들려오면서 새록새록 함께 노닐던 모습이 되살아났다. 단풍이 들고 성공을 하니 꽃이 핀 것이나 다름 아니다. 꽃 피니 나무가 다시 보이는 것이다. 이처럼 색다른 이벤트가 있어야 비로소 눈에 확 들어오면서 다시 되돌아보게 되는 것이다. 일테면 집중조명을 받은 셈이다.

십년을 넘게 무명이던 가수가 곡 하나를 히트 치면서 유명인으로 달음질치듯, 일 년 내내 관심 밖이던 벚나무가 꽃 피고 은행나무가 곱게 물드니 비로소 그 나무가 보였던 것이다.

2019년 04월 벚꽃을 만끽하며

버드내 초록마을 외송문방에서 박 종 국

차례

제1부 꽃 피니 나무가 보인다

제2부 계획은 약속이다

제3부 동피랑 캐리커처

제4부 시간은 돌아보지 않는다

차
례

제5부 50년만의 여행

제1부 꽃 피니 나무가 보인다

거제도 포로수용소 유적공원에서

꽃이 참으로 아름답다. 가을이면 단풍이 물결을 친다. 이따금 성공한 사람들의 이야기가 들려온다. 비록 꽃은 아니지만 아름답기 그지없어 꽃이나 다름없지 싶다. 뭔가 특이한 것이 있을 때 그 하나로 모두를 더듬어보고 돌아보게 한다. 시간의 흐름 속에 그토록 침이 마르도록 칭찬하며 선망의 대상이었는데 야박할 만큼 눈길이 슬그머니 돌아서 저만큼 가고 있다. 그래도 당연하고 자연스럽게 받아들이며 아무도 이의를 달지 않는다. 다만 그렇게라도 한 번쯤 스포트라이트를 받아보지 못하는 내기 답답한 것이다.

2019 황금돼지에 탑승하며

황금돼지

이제 2019년의 출반선 가까이 다다랐습니다. 더 이상은 머뭇거릴 수 없게 되었습니다. 곧 제야의 종소리가 울려 퍼질 것입니다. 그 누구도 지체하게 하거나 붙잡을 수 없습니다. 물론 종소리에 관계없이 새해는 밝아 올 것입니다. 2018년을 벗어나 2019년으로 접어들게 됩니다. 서서히 새해가 열리고 있습니다. 새벽 닭울음소리를 듣기 전에 떠나야 합니다. 이제 개의 해에서 풍요와 다산의 상징으로 그것도 황금까지 곁들인 황금돼지 해입니다. 닭울음이나 멍멍거리는 개소리 대신 돼지가 꿀꿀 거릴지 모릅니다. 단순히 밥이나 달라는 소리가 아닙니다. 세상은 잘 알고 있다시피 급변하고 있습니다. 하루가 깜짝깜짝 놀라게 합니다. 보다 좋은 일보다는 좋지 않은 일, 끔찍스러운 일이 많아서 문제가 되고 있으며 눈살 찌푸리는 것으로 모자라 몸을 부들 부들 떨기도 합니다. 그 사이에 어쩔 수 없이 허우적거리며 어제보다 부쩍 늙어갑니다. 아픔은 몸만 아픈 것이 아닙니다. 마음까지 아픕니다. 몸은 약을 먹고 수술을 하지만 마음은 베어낼 곳이 없어 치유하기가 더 어렵습니다. 그래도 시간은 매정하리만치 곁눈질 한 번 없이 제 갈 길만 가고 있습니다. 하지만 그것이 '갑이다, 을이다.' 이러쿵저러쿵 할 것이 없고 그나마 빈틈없게 공평을 유지하므로 다행스러운 일입니다.

새해에 거는 기대가 큽니다. 이번만큼은 꿈을 이루겠다고 희망의 깃발을 높이 쳐듭니다. 능력이 턱없이 부족한데도 마음만 앞서고 그럴 듯 겉 포장하듯 욕심만 부리면 안 됩니다. 자칫 독이 되어 작은 것 하나도 건지지 못하고 그냥 흘려보낼지 모릅니다. 사실 그런 적이 어디 한두 번이었나요. 크면 넘쳐서 못하고 작으면 눈에 차지 않아 싫고 어디 마음에 딱 맞는 것이 그리 흔하던가요. 차일피일 핑계에 미루고 너무 여유를 부리며 얕잡아 느긋하다가 그마저도 놓치거나 남에게 기회를 빼앗깁니다. 인생에서 모든 건 한 번 지나가면 그뿐 다시라고는 없습니다. 그야말로 연습도 다시 한 번도 없는 매정하기 짝이 없습니다. 그것도 누가 대신할 수 없어 꼭 본인이 직접 나서야 합니다. 이처럼 자신의 삶은 항상 본인이 주연일 수밖에 없습니다. 이 세상 그 어디에서 그리 쉽게 주연을 맡아보겠어요. 이처럼 한 생명을 좌지우지할 크나큰 배역을 선뜻 맡기겠어요.

이 성스러운 배역의 주연에 두려움보다는 자랑스럽게 여기며 떳떳하게 나서야 합니다. 그런데 잘한 일은 물론 잘못한 일도 다른 사람에게 떠넘길 수 없는 자신의 책임이고 또한 당연히 자신이 감수해야 할 몫임을 간과하여서는 아니 됩니다. 그야말로 좋든 나쁘든 내 삶은 누구에게 적당히 내맡길 수 없는 내 것이니까요.

이제 2018년은 시간에 밀려 어쩔 수 없이 역사 속으로 가라앉게 됩니다. 다시는 되돌아올 수 없는 곳으로 떠나갑니다. 더 이상의 후회와 미련은 거두고 새로운 2019년으로 당당하게 나서야 합니다. 아니 이미 알게 모르게 접어들고 있습니다. 그동안 서운했던 것, 미처 못다한 것, 마음에 들지 않아 망설였던 것, 너무 힘겨워했던 것이나, 보란 듯이 해낸 것까지도 이미 지나간 것으로 모두 내려놓고 그냥 떠나야 합니다. 아쉬웠던 일, 자랑스러웠던 일, 하나하나 챙겨 짊어지고 끌안거나 바리바리 이끌며 손에 들고 갈 수는 없습니다. 너무 힘들고 무거워 나아갈 수가 없습니다. 잠시도 멈출 줄을 모르고 남의 사정쯤은 아랑곳 않는 외골수 시간만 맥없이 흘러갈 뿐입니다. 방황 아닌 방황을 하게 됩니다. 그렇다고 지난날이 무조건 무모하다거나 필요 없다는 것은 아닙니다. 다만, 지난일은 지난일일 뿐 현재에 그대로 적용할 수 없는 하나의 추억이고 역사이고 과거이고 참고사항입니다. 지난일은 억지로 챙겨 데리고 오지 않아도 저절로 거르고 걸러져 그 앙금만 자연스럽게 다가오며 필요에 따라 활용하면 됩니다. 어제가 곧 내일일 수 없듯 오늘일 수도 없기 때문입니다. 그러나 가끔은 좋은 본보기 경험으로 밑바탕 디딤돌로 거울이 되어 힘에 많은 보탬이 되기도 합니다.

이제 2018년과 많이 같은 듯 어딘가 다른 2019년으로 몸도 마음도 바꿔 타고 서둘러 가야 합니다. 때로는 더 힘겨울 수 있고, 어쩌다 편안한 길이 될 수도 있습니다. 패기와 희망을 갖고 좋은 꿈을 꾸어야 합니다. 하지만 아직은 속단하지 못합니다. 다만 확실한 것은 살아있는 사람은 그 누구도 가보지 못한 길입니다. 모두가 일직선 같은 출발선에서 동시에 출발을 합니다. 가야할 코스는 이미 다 그려져 있고 윤곽이 드러나지만 그 과정에서는 서로가 다른 모습으로 활동하며 가게 될 것입니다. 험난한 산길만 있을 수 있고, 꽃길에 새까지 감미롭게 노래하는 길일 수 있고, 평탄한 들녘일 수 있고, 자갈밭에 모래밭일 수도 있습니다. 바다에 절벽으로 파도소리가 철썩일 수 있듯 저마다 다른 길일 수 있습니다. 인생길은 단순한 마라톤 코스가 아니기 때문입니다. 풀밭이거나 가시밭길이거나 한 번 들어서면 좋든 나쁘든 거부할 수 없어 그 길을 헤집고 빠져나가야 합니다. 따라서 자신의 선택여부에 관계없이 고난이든 즐거움이든 각자의 몫일 수밖에 없습니다. 누구에게나 똑같이 낯익은 듯 낯선 길이거나 거꾸로 똑같이 낯선 듯 낯익은 길일 수 있습니다. 극단적일 경우는 설상가상일 수 있고 금상첨화일 수 있습니다. 그래서 은근히 두려우면서 한 편으로는 기대가 되기도 합니다.

마음에는 이미 2019년에 가야 할 길이 나름 그려져 있을 것입니다. 그것이 새해를 맞이하는 희망이고 꿈이고 계획입니다. 아무래도 막연히 떠나는 것보다는 꿈을 담고 가는 길이 힘찬 발걸음으로 무게가 실리며 미더움이 있겠지요. 다소의 두려움은 실렘이 극복하면서 그래도 한 발 한 발 가뿐하니 즐거움이 보태지겠지요. 그런데 계획은 큰 줄기일 뿐 세세한 것까지 모두 담을 수 없기에 실행하면서 수정하고 보충하며 어려움을 이겨내어 기대에 어긋나지 않는 것이지요. 최선이 아니면 차선을 택하는 것이지요. 사람들은 곧잘 인생길이라고 하지요. 크면 큰 대로 작으면 작은 대로 피할 수 없는 소중한 길이지요. 그래서 계획을 잘 세워야 하지요. 너무 겸손하리만치 작게 잡아도 그렇고, 너무 지나치거나 감당할 수 없을 만큼 넘쳐도 좀은 그렇습니다. 이겨낼 수 있을 만큼 짐을 지고 즐거운 마음으로 꿈을 이뤄보는 것입니다. 아무래도 뭔가 재미있을 것 같지 않은가요. 계획이 꿈으로 끝나지 않고 현실이 되었으면 합니다. 그래서 중간에 포기나 실패로 기가 팍 죽어 후회라는 카드를 꺼내지 않았으면 합니다. 선입감에 그냥 돼지가 아닌 의젓한 황금돼지가 눈부시도록 빛을 발하며 기다리고 있습니다. 다가서는 2019 황금돼지에 탑승하여 기쁜 마음으로 힘찬 출발을 합시다.

- 2019. 1. 1. 기해년 황금돼지 새아침에

오월의 넝쿨장미

넝쿨장미

아파트 담장에 넝쿨장미가 새빨갛게 활짝 피었다. 한 때는 수수꽃다리가 입에 오르내렸으나 아무래도 오월을 대표하는 꽃은 장미이지 싶다. 야외에는 아카시아 꽃이 만발하여 벌들이 꿀을 거두어들이기에 분주하다. 꽃송이 한 가지가 그대로 소담스런 꽃다발이다. 더 보태거나 뺄 것도 없이 있는 그대로 꺾어 가슴을 태우는 그녀에게 주어도 손색이 없을 만큼 잘 다듬어진 뜨거운 꽃다발이다. 정성이 듬뿍 깃들어 있는 사랑이다. 오월은 가정의 달이고 감사의 달이다. 행사도 많다. 어버이날 은혜에 보답하는 카네이션이다. 어린이날 축복의 꽃다발이다. 스승의 날 감사의 화환이다. 파란 하늘 아래 새빨간 넝쿨장미가 눈에 잘 띄는 길목에서 기다린다.

그뿐인가, 오월은 부부의 날, 성년의 날, 부처님 오신 날, 근로자의 날, 유권자의 날, 발명의 날에 절기상 여름으로 들어서는 입하까지 있다. 또한 결혼시즌으로 신부의 달이라고 할 수 있으니 참으로 발걸음 바쁜 달이다. 이처럼 좋은 계절로 할 일이 많은 달에 넝쿨장미를 축하의 꽃다발로 푸짐하게 준비하여 길거리 담장에 걸어놓았구나. 이만한 꽃도 흔치 않다. 그냥 누구나 오가며 볼 수 있도록 혼신을 불사르고 있으니 가슴에 마음껏 안아보려무나. "혹시 나를 알고 있었나요?" 들이대며 "한 번 사귀어 보실래요?" 나긋나긋 속삭이는 듯싶다. 그 화려한 자태에 너무 눈이 부시어 엉거주춤하는데 눈웃음으로 한 발 다가오는 오월의 넝쿨장미다.

담장 위에 걸어놓은
새빨간 미소
요염하게 젖은 눈빛
싱숭생숭
얼굴 뜨거워진 추파

- 넝쿨장미

기념일과 행사가 많은 오월에는 장미꽃을 가슴에 꽂고 한 다발씩 바쳐도 좋을 성싶다. 누구라도 금세 친밀감을 느낄 만큼 미모를 뽐내는 여인을 떠올리게 한다. 밝은 웃음 넘치는 의욕이 싱그러움으로 묻어난다. 한낮 따가운 햇살과 함께 빚어내는 풍경은 화사함을 넘어 요염하다. 지나는 길손의 발길을 잡고 애교스럽게 다가선다. 농익은 눈빛에 간질간질한 여인의 혓바닥이 날름날름 속삭거린다. 그 화끈함에 부르르 몸을 떤다. 젊음의 심장이 불끈불끈 뛴다. 깔깔거리는 웃음소리가 소리 없는 아우성으로 번져난다. 어쩌자고 신록이 출렁거리는 오월의 대낮에 그것도 사람이 많이 다니는 아파트 담장에 걸터앉아 추파에 수작을 부리고 있는가.

저만치서 한눈에 들어올 만큼 단연 으뜸이다. 빼어난 자태로 오가는 얼굴을 빠끔히 들여다보면서 눈 맞춤하려는데 그 누가 가슴 벌름거리지 않으랴. 분명 의지를 시험함이다. 누가 더 예쁜지 자랑하는 오월은 넝쿨장미의 계절이다. 촉촉이 젖은 눈망울이 한꺼번에 달려드는 듯싶다. 곧 무슨 말이 튀어나올 성싶다. 그러나 생글거리는 은근함에서 얼굴이 화끈거린다. 큼직한 눈동자에 활짝 핀 얼굴, 아가씨의 요염한 짙은 입술이다. 활활 타오르는 심장이 터질듯이 부풀은 활화산이다. 애간장을 녹이며 애달프게 하는 야릇한 미소다. 날카로운 가시에 찔린 듯 넝쿨장미에 마음이 붉게 물들어 간다. 애절한 그리움으로 기다림이 담겨진 오월이다.

- 2016. 05. 19.

맹꽁이 울음소리

갑작스러운 맹꽁이 울음소리가 지난날을 반추하게 한다. 그리움을 쏟아놓는다. 그 특유의 목청은 다름없으나 어딘가 애절하고 절박하게 들렸다. "아직 이렇게 살아있어요." 근황을 알려주는 듯싶어 반갑기도 하였다. 1970년대만 해도 장마철이면 어디서나 쉽게 들을 수 있었던 소리다. 특히, 모내기를 못하고 동동거리다가 한꺼번에 쏟아진 비로 계단식천수답까지 눈코 뜰 사이 없이 논두렁을 손보면서 뒤늦은 모내기를 하였었다. 가뭄에 어떻게 목숨을 부지하고 있었는지, 개구리와 경쟁하듯이 울어댔다. 그 동안 온갖 서러움은 몇날며칠을 토해내도 부족할 것만 같았다. 가득 찬 논물보다도 더 질펀하게 넘쳐흘렀다. 바쁜 일손을 더 바쁘게 했다. 감자를 캐다가 작은 감자 같은 것이 뭉클해서 보면 맹꽁이였다. 그렇게 바깥세상에 나오지 못하고 땅속에 숨어 숨죽여 살았다. 개구리보다 작은데 배가 불룩하였다. 배가 불룩한 아이를 맹꽁이라고 놀려대기도 하였다. 개구리는 그래도 인기가 있었다. 울기만 하는 맹꽁이는 어쩌다 마주치면 정말 몰골이 사납도록 못 생겼었다. 비가 내릴 때 울지는 않지만 넙죽한 입에 음흉해 보이는 큰 눈을 끔벅거리며 느릿느릿한 걸음으로 집안으로 찾아드는 두꺼비도 있었다.

아주 망나니인 아들 청개구리가 있었다. 온갖 어깃장에 하도 말썽을 부려 엄마가 죽으면 개울가에 묻어달라고 유언을 하였다. 그러면 분명 매사를 거꾸로 하니까, 산속 높은 곳에다 묻어주겠지. 마음속 계산을 한 것이다. 아들 청개구리는 뒤늦게 잘못을 깨달았는지, 처음이자 마지막으로 엄마의 소원대로 개울가에 묻어주었다. 그리고 이제나도 효도를 하였다고 부듯해 했다. 하지만 엄청나게 비가 쏟아지면서 엄마의 무덤이 걱정되었다. 그 후 비가 오려고 하면 청개구리가 먼저 목 놓아 운다고 한다. 그런데 가슴을 뭉클하게 하는 것은 왜일까? 부모님에 대한 불효는 뒤늦게 두고두고 후회해도 이미 때는 늦어 어쩔 수 없이 아픔으로만 남아 있을 뿐이다.

입추를 갓 지났는데 폭염이 주춤거리면서 가을바람을 느낄 만큼 선선해진 새벽에 버드내를 걸었다. 풀숲에서 '우엉, 우엉' 황소개구리 울음소리가 들려왔다. 황소처럼 우렁차게 울어서 황소개구리라고 부르게 되었다. 이번에는 '맹, 꽁, 맹꽁~' 낯설지 않은 울음소리다. 순간 기억에서 까마득하게 잊고 있었던 소리를 찾아낸 기쁨에 반갑기 그지없었다. 불과 두세 마리였지만 분명히 맹꽁이 울음소리였다. 지난날이 한꺼번에 몰려들었다. 그래, 여기서 목숨을 부지하고 있었구나! 반딧불이, 매미만큼이나 여름을 추억 속으로 가두는 녀석 중 하나다. 지금은 농약 때문에 농촌에서조차 찾아보기 어렵다. 사람은 좋은 세상인지 몰라도 저들은 더 힘든 세상이었다.

'맹, 꽁, 맹꽁~', 사실은 저 소리가 울음소리가 아니라고 한다. 땅속에 숨어살다시피 하면서 저렇게 서럽도록 울 까닭도 없지 싶다. 조금만 귀 기울이면 아주 애절하면서도 환희에 찬 소리이다. 짝짓기를 위한 수컷이 암컷을 부르는 소리다. 일종의 임을 향한 세레나데다. 어둠 속에서 지내다 보니 시력이 아주 나빠져 가까이에 있어도 어디 있는지 아예 모른다. 그래도 종족보존이라는 본능적 사명감에 그 대상을 찾고 있는 것이다. 그런데 짝지기할 시간이 너무 촉박하다. 주어진 시간이 야박하게도 일 년 중 불과 며칠뿐으로 다급한 것이다. 종족을 지키기 위한 지상명령이기도 하다. 이 기회를 놓치면 결코 아니 된다. 맹꽁이는 아예 아래턱 앞쪽 끝에 울음주머니를 달고 있다. 그만큼 맹꽁이는 타고난 울음꾼이다. 아니 소리꾼이다. 울고 싶어도 울지 못한다는 말을 가끔 듣는다. 장마철 맹꽁이처럼 울어보는 것도 괜찮지 싶다는 뚱딴지같은 마음이다. 맹꽁이 울음소리가 이토록 뜬금없이 심금을 울릴 줄 몰랐다. 한 녀석이 '맹'하면, 다른 녀석이 '꽁'하면서 '맹꽁'으로 들리도록 장단을 잘도 맞춘다. 맹, 꽁. 하면서 따라 불러보고 싶다. 이처럼 맹꽁이 울음소리가 개구리, 청개구리, 두꺼비까지 불러올 줄은 몰랐다.

오늘은 산책보다 여간해서는 흔치 않은 지난날을 추억이란 이름으로 꺼내어 뒤적거리며 돌아보는 시간이었다. 과거라기보다는 현실 같은 생생함에 동승하고 있었다. 잠시 타임머신을 타고 시간여행을 한 느낌이었다. 비록 직접 맹꽁이를 보지는 못했지만, 그 여운은 오래도록 가슴에 남아있을 것이다. 당분간 이 근처를 지나가면, 행여 맹꽁이의 목소리가 다시 들려올지도 모른다고 은연중 귀를 기울이게 하고 발걸음을 머뭇거리게 할 것이다. 그만큼 이 버드내는 살아있는 자연환경이라고 할 것이다. 농촌조차 맹꽁이가 살아가기에 팍팍해 종적을 감추는데 대전의 하천에서 그 존재를 드러낸 것이다. 삶의 안전지대로 여기고 있을 만큼 의미가 담겨있는 것이다.

밴댕이 소갈머리

밴댕이

단오에서 하지로 이어지는 음력 오뉴월이면 평소에는 그다지 입줄에 오르내리지 않던 밴댕이가 제철을 만난다. 고작 김장용젓갈에나 쓰이는 줄 알았던 밴댕이가 제대로 몸값을 평가받으며 대접을 받는 황금기다. 그동안 밴댕이는 인천과 강화도를 비롯한 서해안에서 많이 잡혔는데 요즈음은 인근해역의 어종이 고갈되면서 잡히지 않으므로 남해 지방인 신안의 인근바다나 충무 앞바다에서 잡아 냉동하여 인천과 강화도로 운반을 하고 있다. 생태계의 환경이나 먹이사슬에 따른 자연스러운 변화로 세월 따라 물고기가 서식하는 곳도 바뀐다. 이처럼 물고기도 한 곳에서 오래 살지를 못하고 이리저리 삶의 텃밭을 옮겨 다니는 셈이다. 영원한 것은 없음을 뒷받침한다.

강화지방 석모도로 등산을 갔다 맛보는 밴댕이가 입맛을 돋았다.

잘 조리된 밴댕이 목 부위를 살짝 물고 입으로 훑으면 신기할 만큼 뼈만 빗살처럼 앙상하게 남는다. 입성 좋은 사람은 뼈까지 잘근잘근 씹어 먹어도 억세지 않아 고소하다고 한다. 수족관에 살아있는 싱싱한 횟감은 기대하기 어렵지만, 냉동된 밴댕이를 초고추장에 양배추와 깻잎을 섞어 빨갛게 버무린 무침이나 구이도 좋고 바글바글 끓인 찌개 조림이 입맛에 당기면서 제법 인기를 누리고 있다. 청어과의 밴댕이는 15센티미터 정도로 전어와 비슷하며 등은 청흑색이고 옆구리와 배는 은백색이다. 특히 칼슘과 불포화지방산이 다량 포함되어 골다공증 등 성인병예방에 도움이 된다는 말에 관심이 쏠렸다.

그런데, 기껏 맛있게 잘 먹고 돌아서서 하는 말이 소갈머리가 어떠니 하며 밴댕이의 흉을 마구 보면, 좀은 머쓱해진다. 본래 밴댕이는 다른 생선에 비해 창자가 거의 없는데다 성질마저 느긋하지 못하여 파르르 하니 참을성이 없다. 활달하던 밴댕이는 그물에 갇히고 끌어올리는 순간 제풀에 분을 못 이겨 금세 숨을 거둔다고 한다. 곧바로 얼음에 채우는 등 냉동처리를 함으로 살아있는 밴댕이를 맛보려면 현장에 있지 않고서는 좀처럼 쉽지 않다. 이런 밴댕이를 두고 항간에서는 "밴댕이 소갈머리 없다."고 한다. 또는 "밴댕이 콧구멍 같다."고 한다. 겉보기보다 아주 속이 좁으며 얕은 마음씀씀이거나 소견이 몹시 용렬하면서 아주 답답한 사람을 빗대어 이르는 말이다.

앞뒤가 콱 막히다시피 하여 오죽이나 답답하면 그럴까 싶다. 소갈머리는 마음이나 마음속에 가진 생각을 속되게 이르는 속마음을 뜻한다. 이해심이 부족하여 받아들이기가 어렵고 잘 삐지고 대범하지를 못한 것이다. 하지만 풍문으로라도 그 사람 소갈머리 운운하는 말을 듣는다면 좋아할 사람은 없을 것이다. 대뜸 '내가 어때서'라고 반문을 할 것이다. 그냥 객기라도 부려, 그 사람 참 통이 아주 크고 활달하다는 소리를 듣고 싶을 것이다. 요즘은 아무래도 살아가기가 팍팍하여 마음이 다급해져 간다. 속에 있는 것을 시원하게 꺼내놓고 싶어도 너무 개인주의로 흘러서 어울리기가 쉽지 않다. 이해관계에 지나치게 집착하다 보니 양보나 배려보다는 욕심만 앞장선다.

"오뉴월 밴댕이가 뛴다."고 한다. 평소에는 보잘것없어 보이다가 제철 만나 몸값이 껑충 뛴다. 어찌 밴댕이뿐이랴. 사람도 때를 만나면 후한 대접을 받을 수 있음을 빗대는 말이다. 하지만 요즘 밴댕이를 맛보기가 그리 쉽지 않다. 수자원이 고갈되는데 밴댕이라고 잘 잡힐 리가 없다. 밴댕이와 관련된 이야기만 스쳐갈 뿐이다. 이처럼 자연의 먹거리 하나도 갈수록 야박해진다. 세상사 아이러니하게 겉은 부유해지지만 속은 빈곤해지는 느낌이다. 그런데 소갈머리 없는 밴댕이라고 한다. 비단 물고기에 한정된 이야기가 아닐 터다. 사회생활을 하다 보면 사람 밴댕이가 있다. 오히려 그만도 못한 부류를 간과할 수 없어서 몇 번이고 곱씹다가 끝내는 씁쓸함을 지울 수 없었다.

- 2016. 06. 25.

0.01초의 빛깔

2018년 2월 19일은 절기상으로 대동강 물도 녹는다는 우수(雨水)다. 그동안 몹시 추웠던 겨울이었으나 여기저기서 봄기운이 꿈틀거렸다. 평창에서는 동계올림픽이 후반으로 접어들면서 메달레이스로 신경이 곤두섰다. 저녁 9시를 훌쩍 넘어섰다. 스피드스케이팅 남자 500m 경기에서 『차민규』 선수가 34초 42로 동계올림픽 타이기록을 세우며 1위에 덜컥 올라섰다. 이제나 저제나 하다 금메달이 보인다며 전국이 삽시간에 들썩거렸다. 그러나 그도 잠깐, 노르웨이의 『호바르 로렌첸』 선수가 34초 41의 기록을 세우면서 2위로 밀려났다. 불과 0.01초 차이로 술렁거렸다. 그토록 목말라하던 금메달인데 금세 은메달로 바뀌는 안타까운 현실이 되고 말았다.

1초가 결코 짧지 않은 시간임을 절실히 깨닫게 하는 순간이었다. 금빛깔이 은빛갈로 바뀌는 순간이었다. 올림픽에 나가보려고, 입상해보려고, 메달 하나 따보려고, 그 얼마나 피눈물 나는 고생을 거듭한 날들이었던가? 그런데 느낄 수조차 없는 1초 아니 0.01초, 즉 100분의 1초 앞에 금메달이 허무하게 날아간 것이다. 500m 거리를 기록인 34초 41로 환산해 보면 어른 발 하나 길이에도 못 미치는 14.53cm밖에 차가이 나지 않는다. 그래도 누구 하나 그 기록에 이의를 다는 사람은 없었다. 만약 1등과 2등이 뒤바뀌었다면 물론 그 사람도 억울하다. 아니 분하다는 마음은 마찬가지일 것이다. 현실은 냉정하여 결국 원점에서 더 노력할 수밖에 없는 것이다.

처음부터 격차가 아주 많이 나거나 포기상태라면 몰라도 가까이 다가갈수록 더 안달하게 된다. 그만큼 관심에 불이 확 당겨지는 것이다. 별의 별 희한한 일들이 많지만 0.01초라고 하니 믿겨지지 않는 차이에 아쉬움이 많다. 선수들은 강심장에 뱃장이 두둑하다고 하지만 그들도 마음은 은연중 떨고 있는 것이다. 아주 조금이라도 앞서 보려고 출발선상에서부터 너무 긴장하다가 무의식적 부정출발이 생겨나면서 더 심리적인 압박을 받는다. 『차민규』 선수는 평창올림픽에서 불과 0.01초 차이로 금메달이 은메달로 바뀌면서 그 누구보다 두고두고 지워지지 않을 안타까움을 남겼다. 하지만 무명의 서러움을 벗으며 국내외적으로 주목받는 선수로 발돋움하였다.

처음부터 『차민규』 선수에게 메달을 기대하는 분위기는 아니었지만 은메달로 확정되자 약속이나 한 듯 한숨이 터져 나왔다. 이제 과학은 0.01초까지 계산하는 최첨단을 달리고 있다. 그만큼 신뢰하며 순순히 받아들였다. 어쨌든 『차민규』 선수는 한순간에 스타로 급부상하였고 축제분위기에 젖어들었다. 본인은 처음에 멍하다가 뒤늦게 실감하였는지 인터뷰에서 순위결정전에 나가는 것이 목표였는데 그래도 동메달보다 나은 은메달이라고 했다. 흔히 시간은 금이라고 한다. 하지만 오늘처럼 0.01초가 그렇게 소중하고 실감나는 순간은 없었다. 다크호스였던『차민규』선수가 빚어낸 기적 같은 기록은 아무리 거듭 생각해도 아쉬운 은메달이었음에 틀림없었다.

- 2018. 02. 19.

한겨울 미세먼지

미세먼지

올 겨울은 『삼한사미(三寒四微)』란다. 사흘 춥고 나흘은 미세먼지로 가득하다는 뜻이다. 예로부터 우리나라의 겨울날씨가 『삼한사온(三寒四溫)』이었음에 빗대어 생겨난 신조어인 셈이다. 올 겨울은 미세먼지가 유난히 기승을 부리면서 국민건강이 위협을 받고 있다. 아무래도 겨울이라면 우선 추위가 떠올랐는데 이제는 아닌가 보다. 추위보다 미세먼지가 더 걱정이다. 추운 날은 오히려 미세먼지가 덜하고 보다 따스하지 싶은 날은 미세먼지가 뒤덮고 극성을 부려 햇볕마저 뚫고 나오지 못하여 마치 안개비가 내리거나 눈이 오려는 것처럼 우중충하여 외출하기에 꺼려진다. 마스크를 하면 다소 낫다고는 하지만 자칫 그마저 불량품이 많아 그 기능이 의심스럽다. 그래서 아예 얼굴을 모두 가리는 복면을 하고 다니는 사람들이 늘어나고 있다.

한낮에 복면이라니. 곱디고운 얼굴에 생글생글 웃음기 띈 모습은 사라지고 섬뜩해지기까지 한다. 순간 범죄자를 연상하기도 하고 못 볼 것을 본 양 기분이 과히 좋을 리가 없다. 하지만 미세먼지에 노출되다 보면 눈이 따갑고 코가 텁텁하며 목이 칼칼하다. 심하면 기관지에 큰 타격을 줄 수 있다. 미세먼지에는 몸에 좋지 않은 온갖 성분이 들어 있기 때문이다. 무엇보다 모든 병의 시발점이 될 수도 있기에 크게 우려되고 있다. 그래서 어린이나 노약자는 더욱 걱정이다. 그러나 외출을 삼가고 집안에 있기를 권하는 것이 고작으로 근본적인 대책이 될 수 없는 임시방편이다. 우리나라에서는 중국에서 미세먼지가 밀려온다고 말하는데 막상 중국에서는 그럴 리가 없다고 무조건 오리발이다. 중국 대륙과는 무관한 일이라고 우선 발뺌부터 한다.

이처럼 미세먼지는 예사롭지 않아 우선 피하고 보아야 한다. 그러면서 원인을 찾아 수습을 해야야 한다. 일테면 화력발전소와 자동차에서 배출되는 가스가 큰 원인 중에 하나라고 한다. 그렇다고 화력발전소를 당장 멈추거나 자동차를 세우라고 할 수는 없는 노릇이다. 그간은 봄에 황사현상 며칠이 전부였지 싶었다. 그런데 이제는 봄이 아닌 한겨울에도 미세먼지로 시달림을 받고 있다. 아니 그 정도를 넘어 재난에 가깝다. 그런데 자연재난이 아니라 스스로 자초한 인재에 가깝다는 것이다. 급속한 산업화에 이미 예견된 일이면서 설마설마 하다 현실로 나타나고 있지 싶다. 다만 유예하고 있었을 뿐이다. 하나를 얻다가 끝내는 그보다 더 큰 것을 상실하는 것은 아닌지 조심스럽다. 이제는 가정이 아닌 봇물 터지듯 위협하고 있나 보다.

미세먼지는 누구 한 사람의 주의로 해결될 일이 아닌 사회적 근본 대책이 요구되는 시점이다. 바깥을 내다보면 시퍼렇던 하늘이 희뿌옇게 죽음의 그림자처럼 다가선다. 참으로 참담한 심정이다. 마음대로 숨도 못 쉬고 마음대로 나돌아 다니지도 못하고 마음 놓고 먹거리도 선택하지 못할 지경이라면 숨이 턱턱 막히며 목을 조여 오는 것이 아니겠는가. 아직은 그 단계까지는 아니라고 위안을 할지는 몰라도 서서히 검은 그림자로 다가오는 느낌에서 벗어날 수 없다. 사회적 불신이 앞지르고 있어 더 심각하다. 뭘 그렇게 큰일이라고 호들갑을 떠느냐고 하는 사람도 있겠지만 그렇지가 않다. 한 푼 두 푼 알게 모르게 윗대부터 적금을 들었다 목돈이 아닌 미세먼지 같은 날벼락을 맞고 있는 것은 아닌지 싶다. 마치 독박 쓰고 있는 기분이다.

이를 어쩌란 말이냐. 한숨이 한숨으로 끝날 일이 아닌 엄연한 현실이다. 이제 겨울이 두려운 것은 추위보다 미세먼지가 더 무섭게 다가서는 것이 아닌지 크게 염려스럽다. 그냥 피해 간다고 될 일이 아니다. 일시적으로는 몰라도 사회생활에 외출을 삼가면서 어찌 집안에만 처박혀 있겠는가. 어쩔 수 없이 이리 저리 휘젓듯 나돌아 다녀야 한다. 그런데 요즘 같아서는 좀처럼 가라앉을 것 같지 않다. 설령 사라진다고 하여도 잠수하였다가 언제 다시 악몽처럼 되살아날지 몰라 염려에서 벗어날 수 없다. 전에는 그다지 심각하게 여기지 않았다. 기껏해야 탄광에서 일하는 광부가 탄가루를 많이 마셔 진폐증을 앓는다는 이야기를 듣는 정도였지 싶다. 그러나 이제는 누구누구 어디어디 할 것 없다. 미세먼지가 일기예보에 단골메뉴가 되고 있다.

- 2019. 01. 17.

마음의 샘물

마음이 다르면 보는 것도 다르게 보인다. 보다 많은 생각에 독창적일 때 새로움을 찾을 수 있다. 미처 남이 못 보거나 생각하지 못한 것을 내가 할 수 있을 때 발전할 수 있다. 억지로 떠벌려서 되는 것이 아니다. 생각은 할수록 끝을 모르는 마음이다. 쓸데없는 잡념은 생각이랄 수 없고 보탬이 전혀 안 되는 헛된 생각은 망상에 지나지 않는다. 공감대를 형성하여 수긍하여야 한다. 몸집이 크다고 속까지 알차다고는 할 수 없다. 마음은 솟아오르는 샘물과도 같다. 고여 있는 물을 퍼내야 새로운 물이 펑펑 솟아 채우듯 마음은 멎으면 안 된다. 가만히 있어도 시간은 가듯이 마음이 살아 있는 한 움직여야 한다. 그래야 살아 있다고 할 것이다.

대개의 경우 샘물이 펑펑 솟아오르면 물 그 자체는 나무랄 데 없이 깨끗할 것이다. 하지만 주위가 지저분하거나 냄새가 나면 금세 오염되어 더러운 물이 될 수밖에 없다. 새로운 좋은 물을 맛보기에는 역부족이다. 마음도 그 자체가 아무리 참신하더라도 받아들일 준비가 되어있지 않으면 너무 막연하여 이용가치가 없다. 허울만 번듯하게 보이다가 그냥 사라진다. 막말로 손에 쥐어주어도 헤아릴 줄을 모르면 그저 답답할 뿐이다. 할 수 있다는 적극적인 관심을 가지면 못할 일이 없다고 한다. 성공으로 다가가는 길은 남이 하지 못하는 일을 하는 것이다. 그만큼 노력을 필요로 한다. 그냥 되는 일은 없다. 그래서 노력의 가치는 헛되지 않다.

각자 자신의 입장에서 최선을 다하는 모습을 보여야 한다. 맡겨진 일에 전문가로서 최고의 권위자가 되는 것이다. 혼자 만능일 수는 없지만 내 분야만큼은 내가 책임진다는 사명감 같은 마음을 지닐 수 있어야 한다. 가내기업도 그렇다. 이제는 전통을 중요시 한다. 몇 대째 내려오며 몇 십 몇 백 년을 지켜왔다는 장인정신이 필요하다. 정말 자랑스러운 모습이라고 할 것이다. 가문의 영광이며 사회적 전통의 기반이 되기도 한다. 이미 가졌다가 싫증을 느껴 슬그머니 내려놓는 자와 이제 가져보려고 안달하는 사람의 마음이 같을 수 없다. 같은 날 같은 시간에 같은 장소에서 똑같은 사물을 바라보는 시각도 같지 않아 그 느낌이 같을 수는 없다.

보고 보이는 것이 다르고 생각하는 방향이 다르다. 크기나 모양이 다르고 완성되거나 뜻하는 정도가 다르고 받아들이는 처지와 느낌이 다르다. 저마다 가고자 하는 길이 있고 목표치가 있어 눈높이가 같을 수 없다. 우연을 바라는 것은 감나무 아래에서 입을 벌리고 홍시가 떨어지기를 바라는 것과 같다. 그나마 입이라도 벌리고 기다리는 노력이라도 하면 그래도 낫지 싶다. 이 세상 공짜는 없다고 한다. 노력하여 떳떳해야 한다. 길은 사람이 만들고 사람은 떠나가도 길은 남아 많은 것을 품고 있다. 길은 없어졌지 싶어도 언제든 필요하면 다시 드러낸다. 그 속에 잊었던 기억을 되찾고 애환 어린 추억도 고스란히 남아있어 감동을 주기도 한다.

하늘을 날다 잠시 멈추고 휴식을 취하는 잠자리의 모습을 대수롭지 않게 여기며 못 본 척 지나치기도 하지만, 어느 날 바람에 살짝 흔들리며 주변의 배경과 어울려 한 폭의 그림처럼 전혀 다르게 느껴지기도 한다. 때로는 천적인 새의 눈초리를 의식하며 긴장의 끈을 늦추지 못하고 주변을 두리번거리는 듯싶은 피로에 쌓인 모습처럼 보이기도 한다. 지금의 내 입장을 빗대어 보며 가련한 나의 모습을 그려보고 있는지도 모른다. 한 노인이 지난날을 돌아보면서 감회에 젖어 후회의 탄식을 토한다. 한 젊은이가 앞날을 내다보며 희망을 그려보고 있다. 지는 해와 떠오르는 태양처럼 밤을 보고 낮을 보고 있다. 세상을 바라보는 눈은 천양지차다.

- 2016. 09. 20.

꽃 피니 나무가 보인다

벚꽃

그렇게 허구한 날 그곳에 나무가 허름하게 서있었다. 장대 같은 빗줄기가 쏟아 붓고 고막을 찢으며 눈알이 튀어나올 듯 천둥번개가 몰아쳐도 무서워 눈을 감거나 피하지 않고 그 자리에 꼼짝 않고 그대로 서있었다. 햇볕이 쨍쨍 금세 말려죽일 것 같아도 고스란히 햇볕을 온 몸에 받았고 세찬 바람에 가지가 찢기고 온 몸이 꽁꽁 얼어붙어도 한 발짝을 움직이지 않고 처음 그 자리에 다리가 부러지도록 묵묵히 그대로 서있었다. 그동안 그 나무 곁을 수없이 오고 갔다. 벚나무를 보더라도 그렇게 눈에 확 들어올 만큼 잘 생겼다거나 향기가 좋다거나 관심을 끌 나무가 아니었다. 그저 소품으로 서있는 양 관심 밖으로 건성건성 지나다녔다. 그런데 어렵게 겨울을 나고 이른 봄날 화려하게 꽃이 피면서 비로소 벚나무가 들어왔다. 그렇게 아름다운 나무로 온 관심이 집중되었다. 세상에 그토록 아름다운 나무가 없었다. 어느 날 하늘에서 뚝 떨어진 것 같았다. 한동안 보이지 않던 나무가 보이기 시작했다. 나무에 눈길이 쏠리며 꽃으로 봄날을 환하게 밝혔다.

나무가 있어 꽃을 보는 것이 아니라 꽃이 피어 나무를 본다. 그곳만이 아닌 저 멀리 산자락도 들어왔다. 사람들이 꽃잎처럼 몰려들어 환호성에 북적북적 분위기를 띄우며 꽃밭에 사람숲이다. 추위를 힘겹게 이겨내고 목청을 높이는 봄날의 축제 한마당이다. 저러다 꽃이 지면 다시 썰물처럼 빠져나갈 것이다. 나도 모르게 눈길을 당기고 발길을 잡고 마치 처음 만나고 보는 것 같이 신기하기까지 하였다. 흰나비 떼 같이 사뿐사뿐 눈을 즐겁게 하고 마음을 즐겁게 하고 하루를 즐겁게 하였다. 벌도 덩달아서 역사에 바빴다. 꽃 피니 나무가 한눈에 보인다. 여기에 그런 나무가 있었는지조차 한동안 잊었다가 좀은 생뚱맞은 기분이다. 수없이 지나다녀도 무관심이었다. 한 마디로 눈길을 끌지 못했다. 그런데 나무가 새삼스럽게 보이는 것이다. 저렇게 오래도록 한 곳에 있는데 왜 몰랐는지 계면쩍다. 나무보다는 꽃을 보고 있기 때문이기도 할 것이다. 매화꽃에 이어 개나리가 피고 목련꽃이 피었다. 산에는 진달래도 한창이다. 발길이 닿는 곳마다 환하다.

벚꽃이 피어나면서 자연스럽게 시선이 옮겨갔다. 꽃이 오래 가지 못하면 발길도 오래 머물지 않는다. 산벚나무가 지천인 것처럼 들어

왔다. 또 아카시아꽃이 피거나 밤꽃이 필 무렵이면 그들만 있는 것처럼 현혹한다. 꽃 잔치가 끝나면 나무도 마음에서 점점 멀어진다. 나무를 본 것이 아니라 꽃을 보고 있었던 것이다. 그러다 다시 한 바퀴 돌아 새봄이 되면 같은 마음이 반복되고 당연하게 받아들인다. 대중에는 꽃이 변변치 못해 관심을 끌지 못하다가 가을날 화려하게 열매를 내놓기도 한다. 사과가 있고 감이 있고 모과도 있다. 은행나무는 서서히 샛노란 단풍으로 갈아입으며 감탄을 자아내게 하고 존재감을 드러낸다. 아주 자연스럽게 어우러지는 현상으로 가을이 깊어가고 있음을 느끼며 가로수가 은행나무임을 새삼 되새기게 한다. 은행나무는 꽃이나 열매조차 변변치 못해 한 해의 마지막에 곱디고운 단풍으로 물들이며 제대로 한 몫을 한다. 가을에 서성이는 마음을 휘어잡고 발걸음을 끌어당긴다. 은근슬쩍 자신의 존재를 부각시키고 있지 싶다.

꽃도 그렇고 열매 혹은 단풍으로도 그럴 능력이 없는 소나무는 일찌감치 쭉쭉 몸매를 뽐낸다. 여기서 몸매를 가꾸고 있었어요. 혼자만의 착각에 빠져들 만하다. 이처럼 무의식중에 나름대로 자신을 드러내고 있지 싶다. 누군가 살짝 엿보지 않을까? 하지만 인간의 사사로운 감정에서 일어나는 편견일 뿐이다. 자연은 그런 것과는 거리가 멀다. 저마다 살아가는 방식이 달라 일률적으로 말할 수는 없지만 어딘가 다른 듯 같아 보인다. 가끔 낯익은 사람이 성공했다는 말이 매스컴에 오르내리고 여러 경로로 전해오기도 한다. 오랫동안 잊고 지나친 인연인데 그때 비로소 그 친구가 그렇게 되었구나! 새삼 지난날을 더듬거리며 돌아보게 한다. 그 친구가 아니라 그의 성공만을 떠올리고 있었던 것은 아닌지. 어려웠을 과정은 도외시 하고 오로지 성공이라는 말만이 들어왔는지 모른다. 성공이 꽃으로 열매이고 단풍이고 몸매와 같은 것으로 대비되었지 싶다. 이처럼 꽃은 눈앞에 두고도 눈길에서 벗어나고 관심 밖으로 밀려난 기억까지 새록새록 되찾아 준다.

인간은 한 번의 성공으로 우뚝 일어서는 매력이 있다. 한순간에 모두를 지우며 보상을 받는다. 꽃을 보며 즐거워하듯 성공했다는 말을 들을 때 기꺼이 박수치며 축복할 일임에 틀림없다. 나무는 겨우내 오들오들 떨면서도 목숨 줄을 놓지 않는다. 인간은 성공하기 위해 온갖 고통을 감내하며 때를 기다린다. 뭔가 두드러지게 나타내야 한다. 한눈에 번쩍 띄어야 한다. 꽃처럼 확실하게 확 드러나는 것도 없다. 살아가며 뭔가 특출함을 보여야 한다. 꽃 피니 그 나무가 보여 눈여겨본다. 나무까지 기억하게 하는 비결이다. 마찬가지로 곱게 단풍드니 그런 나무가 거기 있었음이 보인다. 잊고 지냈던 사람도 성공하니 대뜸 떠오른다. 평소에 대수롭지 않게 여기다가 이런 획기적인 일이 있어야 비로소 새삼스럽게 그 존재가치가 알씬거린다. 벚꽃이 한참이다. 연례행사처럼 맞이하는 벚나무 아래에서 꽃만 바라보고 있을까. 꽃길을 천천히 걸어가면서 이번에는 나무까지 제대로 기억을 할 수 있을까? 오늘 따라 더듬거리며 무슨 생각을 담아야 할지 궁금해진다.

- 2017. 04. 08.

마음에 그리는 그림

그래, 너도 부처이고 또한 너도 부처다. 아무렇게 생겼으면 어떠하냐. 제 각각의 모습이라고 나무랄 일은 아니다. 부처는 각자의 마음에 있는 것으로 돼지의 마음엔 돼지만 보이고 부처의 마음엔 부처만 보인다고 하지 않았던가. 모든 것을 돈으로만 여기면 하나 같이 돈만 보이고 도둑질하는 자에게는 도둑질할 물건만 보이며 남을 속이는 자는 속일 것만 보일 것이다. 남의 탓만 하는 자는 하나 같이 탓으로만 돌리고 자신을 감추려 한다. 손가락질을 하면서 "저 새를 좀 보세요." 한다. 어떤 사람은 가리키는 사람의 손가락 끝만 바라보고, 어떤 사람은 같은 방향의 새만을 바라보는가 하면, 어떤 사람은 그 새뿐만 아니라 하늘이며 주변까지 본다.

같은 일을 놓고 바라보는 영역이나 그 넓이가 각각 다르다. 그만큼 생각도 다르고 판단이나 결정하는 안목도 자연 달라질 것이다. 토질이나 환경에 따라 콩 심은 데 콩만 나는 것이 아니라 잡초며 성장이며 수확량까지 달라진다. 마음을 다스리고 마음을 어디에 두느냐에 따라 전혀 달라질 수 있다. 의지이기도 하다. 꿈은 이루어진다고 했다. 버릴 것과 취할 것을 혼동하여서는 아니 된다. 세상사 순리를 좇아서 함께 더불어 가는 것이다. 마음에 나름대로 그림을 그린다. 꿈이라고 하고 희망사항이라든지 소망이라고 한다. 또 허영이요 잡념에 욕심이라고도 한다. 무어라고 하면 어떠랴. 그만한 생각도 못하고 자신의 마음속에 그려보지도 못하랴.

잘못 되었으면 지우거나 버리면 된다. 이런 저런 것들이 제멋대로 떠돌아다니지 싶다가도 마지막에 잘 정리되어 그럴 듯한 하나의 밑그림이 그려지는 것이다. 자신이 감내할 수 있고 끝까지 이끌어나갈 힘이 있으면 된다. 그런데 마음속에 그림은 그림일 뿐일 수도 있다. 그렇게 끝나버릴 수도 있다. 하나의 공상인 셈이다. 그림만 잘 그려서는 아니 되는 까닭이 여기에 있다. 실행 가능하여 현실화 할 수 있어야 더 좋은 그림이 될 것이다. 마음의 그림은 일머리의 첫 작업으로 아주 중요하다. 시작이 반이라는 말도 있다. 처음에는 하나의 막연한 도전이기도 하지만 그것이 구체화되면서 성공으로 이끌어갈 수도 있다. 하나의 창작적 작업실이다.

그야말로 아이디어 공장으로 참신한 생각들을 많이 그려내야 한다. 과도한 욕심보다는 한 단계씩 업그레이드될 수 있어야 한다. 꿈이 없는 즉 마음에 그려보지도 못 한다면 참으로 안타까운 일일 수밖에 없다. 마음에 진정성이 담겨있는 그림이야말로 생명력이 있다고 할 수 있을 것이다. 생명력이 있어야 가슴에 뜨겁게 와 닿고 많은 사람들로부터 사랑을 받으며 신뢰를 얻을 수 있을 것이다. 겉모습만 아닌 속까지 알이 꽉 차야 한다. 속이 없으면 빈 쭉정이다. 겉만 화려해지면 겉 다르고 속 다른 2중적 구조로 배신감을 안겨줄 수밖에 없다. 겉 무늬만 화려하고 속이 없으면 공염불에 불과하다. 겉은 다소 수수해도 알짜배기 속을 담아야 한다.

봄이다. 새싹을 보고 꽃을 보며 기분이 좋아지고 감명 깊어지는 것은 신선함 때문이기도 하다. 한 해의 새봄에 초목들이 새 출발한다. 그 순수한 모습들이 은연중 나의 저 밑바닥에서 갈망하는 모습과도 닮아있다. 살랑거리는 바람에도 출렁거리는 신록의 모습들이 그렇게 아름다울 수가 없다. 마치 초록부채춤이라도 추듯 옷자락 같은 잎들이 일사불란하게 넘실거린다. 풋풋한 생동감이 덩실덩실 마음을 흔들어 취하게 한다. 귀를 쫑긋 세우면서 눈을 크게 떠본다. 신록의 물결이 시시덕대며 긴 겨울을 견뎌낸 무용담이라도 나누는 것일까. 너울너울 자유분방한 몸놀림은 구속을 벗어나 자유를 만끽하는 그들만의 축제분위기 춤사위는 아니지 싶다.

작은 이파리에서 나무 한 그루를 보고 산자락으로 확대되어 뒤덮은 숲까지 하나가 되는 동작은 거부할 수 없다. 도도하게 물결치는 진정한 자연의 축제이다. 축제는 무대에 배우뿐 아니라 관객까지 하나로 묶어 홍을 돋운다. 저 유연한 동작을 누가 기획하고 연출하면서 통제하랴. 자연만이 만들어 내는 성스러움이다. 소리 없는 아우성처럼 신록의 열기에 자연의 개체가 비로소 하나 된 마음으로 함께 즐기는 모두의 축제가 되는 것이다. 그런 축복 속에 녹음으로 이어져 꽃 진 자리는 열매가 굵어지고 한 해의 풍성한 수확을 향해 다져간다. 마음의 가장자리를 맴돌며 풋내조차 풍기지 못하고 미심쩍던 그림이 구체화되면서 현실로 나타날 것이다.

- 2016. 04. 26.

수순이 찬스를 만든다

찬스는 똑같이 주어져도 머뭇거리는 사이 사뭇 달라진다. 결단하고 시행하는 절차에 따라 큰 기회가 되는가 하면 오히려 부담이 되기도 한다. 고스톱을 치다보면 잘 알 수 있다. 그 수순이 얼마나 중요한지 알 수 있다. 거침없이 먹다 싸게 되면 내가 가져온 화투장을 상대방에게 보내주어야 한다. 그런가 하면 때로는 거꾸로 받아오면서 대박이 나기도 한다. 승패가 휘청거리며 판이 확 뒤바뀐다. 혼자서 하는 게임이 아니다. 이웃도 생각하여야 한다. 눈치껏 상부상조에 견제도 하여야 한다. 부추기기도 하고 큰 점수에서 낮은 점수로 빨리 끝내도록 심리적 압박도 가한다. 마음을 읽고 연막을 치기도 한다. 서로가 각자의 점수만 계산하다가는 낭패 볼 수 있다.

특히 고스톱은 그 수순에 따른 기회의 포착이 아주 중요하다. 잽싸게 판단하고 과감히 실행해야 한다. 기회는 서둘러도 낭패를 보고 너무 늦춰도 낭패를 본다. 결정적인 한 방이 대박을 가져온다. 그 모두가 한순간이다. 참으로 기막힌 반전이다. 그런 감칠맛에 흥미의 묘미가 있으며 쉽게 벗어날 수 없는 마력이 있다. 양지가 있으면 음지가 있듯이 처지가 거꾸로 되기도 한다. 어느 쪽이 더 많았는지 따라 결과가 달라질 것은 너무나 빤한 일이다. 오늘 밤도 여전히 지척을 분간할 수 없는 어둠이 휘감는다. 하지만 뜨거운 가슴의 마음은 흑심 아닌 양심이며 변심이 아니라 항심이고 의심 아닌 진심이면 좋겠다. 마음을 희롱하기보다는 당당하여 떳떳했으면 한다.

술을 마신다. 밑도 끝도 없는 이런저런 이야기들로 시끌시끌하다가 격론을 펼치기도 한다. 술이 활활 올라 얼굴이 빨갛거나 제대로 받아들이지 못하고 파리한 모습에 괴로워한다. 그냥 술이 하라는 대로 순순히 취하면 된다. 술판에서는 굳이 무슨 술이냐 따질 필요가 없다. 알코올 성분에 따라 자연스럽게 알딸딸하고 취하면서 흥분되어 기분이 절로 상승된다. 마음이 붕붕 뜨면서 브라보다. 점차 술이 술을 부르고 서서히 몸도 마음도 술이 된다. 너도 취하고 나도 취하고 세상이 같이 취하며 끝내는 술이 술로 제멋에 흥얼거린다. 두려울 것도 무서울 것도 없다. 얼마나 목이 타게 참으며 기다렸던가. 모처럼 수순에 따른 내 세상이 왔다. 얼씨구, 지화자 좋다.

찬스는 수순이 아주 중요하다. 뭐를 먼저 하고 뒤에 하느냐에 따라 똑같은 것 같아도 사뭇 다르다. 여름날 옥수수 밭에서 옥수수를 딴다. 그런데 기일을 하루만 넘겨도 그 옥수수는 너무 단단하게 여물어 맛이 덜하다. 그렇다고 너무 서둘러 수확을 하다 보면 덜 익어서 물컹하니 맛이 떨어진다. 옥수수 하나도 기일을 맞추며 지켜야 한다. 얼핏 거기가 거기지 싶어도 소비자는 대뜸 그 맛의 차이를 알고 있다. 그만큼 상품성이 달라질 수밖에 없다. 수순이 찬스를 만들어 낸다. 찬스는 조바심에 당기거나 너무 큰 그림을 그리며 머뭇머뭇 미루다가 그만 모처럼의 찬스를 허무하게 놓치게 된다. 기회를 확실하게 잡아야 한다. 그래야 제몫을 톡톡하게 해낼 수가 있다.

하는 일마다 그만의 독특한 특성을 지니고 있다. 바둑에서도 수순이 아주 중요하다. 바둑돌을 언제 어디에 놓느냐에 따라서 다 죽었던 돌이 수순이 뒤바뀌면서 기적처럼 살아나기도 하고 자충수로 그만 되잡히기도 한다. 고스톱 또한 마찬가지다. 바닥 패를 냉큼 자르거나 빙빙 돌리다 놓친다. 수순을 잘못 택했다가 판을 완전히 망가뜨리기도 한다. 고도의 심리전에 말려들면서 허무하게 무너진다. 그야말로 눈 깜짝할 순간에 판단할 일이다. 돌탑을 쌓는데도 돌 하나를 잘못 얹었다가 기왕에 쌓은 것까지 와르르 무너뜨리는 아찔함을 맛보기도 한다. 그런데 그 수순은 판단할 시간이 넉넉하지 못해 경험을 되새기며 감이나 촉으로 본능적 손길에 맡겨지기도 한다.

- 2016. 08. 07.

80년을 되돌린 초등새내기

전남 해남의 어느 농촌에서 88세인 할머니가 초등학교에 입학을 하였다. 신입생이 할머니를 포함해 4명이다. 다른 3명은 겨우 8세로 할머니와는 80년 차이가 난다. 하지만 같은 1학년 새내기 동급생이다. 80년이나 늦은 것이다. 그래도 할머니는 넘치는 설렘에 학교생활이 마냥 즐겁기만 하다. 진짜 어린 시절은 가정형편이 너무 어려워 끼니도 잇기 어려웠다. 결혼을 하였으나 크게 달라진 것 없고 자녀가 태어나면서 더 눈코 뜰 사이 없는 쉽지 않은 부모노릇이었다. 그 시절은 삶이 얼마나 어려웠던가. 더구나 여성이 남성을 앞질러 가기는 쉽지 않았다. 자녀가 60을 훌쩍 넘었다. 몸이 늙어 넉넉해진 살림에 마음의 여유는 생겼지만 여전히 공부 못한 것이 후회스러웠다. 눈치 챈 아들 내외가 거꾸로 학부형이고 보호자로 나섰다.

문맹자로 살아간다는 것이 단순한 체면문제가 아닌 현실문제였다. 그 때는 어쩔 수 없어 당연하게 받아들이며 불편을 감수할 수밖에 없었다. 시집에서는 작은 가게를 운영하였다. 그러나 외상값을 적을 수 없어 물건판매에 선뜻 나서지도 못했다. 어디를 혼자 가고 싶어도 글씨를 모르니 버스의 행선지를 알 수 없어 남의 눈치나 도움을 받아야 했다. 다만 농촌에서 자랑스럽게 할 수 있는 것은 몸이라도 튼튼하니 평생을 논밭에 나가 일하는 것뿐이었다. 막상 자녀에게는 공부를 열심히 하라고 할 뿐 도와줄 것이 없었다. 모른다고 할 수도 없어 바쁘다는 핑계를 댈 뿐 항상 미안한 마음이었다. 그 때마다 찢어지는 가혹한 마음의 형벌로 공부를 하고 싶었다. 이제 그 기회가 온 것이다. 더는 망설일 것 없는 80년의 꿈을 이뤄보는 것이다.

동급생은 8살이고 선생님은 40대이고 아들은 60대이며 할머니는 88세다. 세대가 달라도 너무 다르다. 그렇다고 그들이 나에게 맞추는 것이 아니라 내가 맞추며 다가가는 것이다. 그래도 학교생활이 마냥 즐겁고 행복하기만 하다. 성적은 아주 열심히 공부하여도 전교 4명 중 4등으로 꼴찌라고 하지 않는다. 그만한 노력과 자부심이 있는 것이다. 막내 손주 같은 동급생과 사이좋게 지내며 열심히 공부해서 중학교도 같이 가자고 한다. 참으로 넘치는 동심의 세계로 듣는 마음마저 가슴 뭉클하게 한다. 물론 6년 후면 할머니는 동급생과 입장이 다르다. 막연한 꿈이며 이상이라고 해도 괜찮다. 그러나 그런 마음가짐이 나에게도 뭔가 도전해 볼 수 있다는 간접적 메시지로 들리면서 입가에 잔잔한 미소가 번지며 가뿐해지는 느낌이 들었다.

요즘은 흔히 백세시대라고 하지만 언제 건강에 이상이 생기고 악화될지 장담을 못한다. 이미 80년이 도도히 흘러간 뒤늦은 세월이다. 그래도 끝내 내려놓지 못한 공부며 그 시절 동심이 그리워 미처 누려보지 못했던 것을 찾아 나서는 셈이다. 이제는 더 이상 외롭지도 쓸쓸하지도 않은 또 다른 삶의 의미를 맛보는 참으로 특별한 봄날이기도 하다. 표현할 수 없는 흐뭇함이 저 밑바닥에서 뭉클하게 우러나온다. 그동안의 말 못한 아픔을 묵묵히 이겨내고 과감히 도전하는 모습에 새삼 경의를 표하며 그 무엇보다 아름답게만 여겨진다. 삭막한 겨울을 이겨내고 돋아나는 새싹이면서 곱고도 신비스런 꽃망울을 만들고 있지 싶다. 단순한 겉모습은 80년과 1년이란 세월의 차이이고 인간과 자연의 차이이지만 그 이상의 것으로 다가왔다.

밑바닥 깊숙이 80년을 가두었다가 초등학교 새내기가 되었다. 자칫 마음만 더 아프게 할 수도 있지만 뚜렷한 목표에 의욕이 있다. 해낼 수 있을까 주변의 반신반의 눈초리에 고심도 많았겠지만 행동으로 보여주고 있는 것이다. 80년 차이인 88세 할머니는 병아리 손주들과 짝꿍이 되어 모처럼 두근두근 설렘을 안고 학교를 오가며 학업의 꿈을 펼치고 있다. 턱없이 늦어진 만큼 더 짜릿짜릿한 행복을 누리고 있다. 지난날의 안타까움을 훨훨 한꺼번에 털어내며 새로운 세상에 들어섰다. 문맹을 벗어나며 세상이 새롭게 다가오는 것이다. 그동안 그 얼마나 답답한 삶을 살았는지 새삼 곁눈질로도 느낌이 왔었다. 박수를 보내기에 주저하지 않는다. 봄이 온다는 소식 못지않게 참으로 기분 좋은 모습으로 남녘에서 포근하게 전해왔다.

똑같은 일에도 때가 있다고 한다. 공부도 할 수 있을 때 배워야 하는데 그런 기회마저 주어지지 않은 것이다. 그래도 야속하기보다 당연하게 받아들였던 어려운 시절이었다. 싫어서 안한 것이 아니라 그만

한 여유가 주어지지 못했기에 더욱 서러운 것이다. 그래도 부모님을 탓하지 않고 숙명으로 받아들이며 꿋꿋하게 살아오다가 뒤늦게라도 배울 수 있으니 더 가슴이 벅차고 꿈만 같은 것이다. 스스로 기회를 만들며 늦어도 늦다고 생각지 않고 용기를 낸 것이다. 평생을 겪어온 마음의 상처를 치유하고 있는 것이다. 무려 그 세월이 80년이나 걸린 것이다. 인생의 끝자락에 다다랐지만 연연하지 않고 오로지 배우겠다는 신념을 불태우고 있는 것이다. 부끄러움이 아닌 당당하면서도 자랑스러움에 아름다움까지 깃들어 숙연해지는 것이다.

2019. 03. 27.

오월 이팝나무 꽃

영국의 시인 T.S 엘리엇(1888~1965)은 그의 시 「황무지」에서 사월은 잔인한 달이라고 했다. "사월은 가장 잔인한 달/ 죽은 땅에서 라일락을 기르고/ 기억과 욕망을 뒤섞고/ 봄비로 메마른 대지를 흔든다/ 겨울은 따뜻했다/ 대지를 망각의 눈으로 덮어주고/ 작은 목숨을 마른 뿌리로 부지시키면서"라 했다. 그 후 사월이면 밑도 끝도 없이 '사월은 잔인한 달'이라고 멋이라도 부리듯이 한다. 무엇이 잔인한지 제대로 인식하지도 못하면서 말이다.

그러나 사월은 말처럼 잔인하지만은 않다. 겨울을 나고 새싹 돋으며 온갖 꽃이 피고지고 열매 맺는다. 동네방네를 넘어 온 산하를 초록으로 뒤덮어 생명력이 꿈틀거리고 있다. 금년에는 겨우내 괴롭히던 미세먼지도 멈추면서 추위가 물러가고 오히려 더위를 느낄 만큼 수은주가 올라갔다. 방안에 갇혀서 지내다시피한 노인들이나 어린이들도 자연스럽게 바깥세상을 즐길 수 있게 되었다. 봄비도 적당하게 내렸다. 그래도 사람들은 잔인하다고만 한다.

한동안 지천이던 꽃이 숨 고르기라도 하듯 뜸하고 초록으로 출렁거린다. 오월의 여왕이라던 라일락이 사월로 옮겨온 지 꽤 오래되었다. 이팝나무는 늦장을 부리더니 너무 갑갑한지 갑자기 움이 트고 서둘러 사월 말부터 꽃이 피었다. 이팝나무는 근래에 플라타너스 미루나무 은행나무 등을 젖히고 시내의 가로수로 자리매김하고 있다. 이미 수많은 꽃들이 지고 신록을 자랑하며 더위를 느낄 시기에 독점이라도 하듯 혼자 꽃을 피우니 더 돋보인다.

가느다랗게 네 조각으로 갈라지는 꽃잎 하나하나는 마치 뜸이 잘든 밥알같이 생겼고, 이들이 모여서 이루는 꽃 모양은 멀리서 보면 얼핏 쌀밥을 수북하게 담아놓은 하얀 사기밥그릇을 연상하게 한다. 꽃이 필 무렵은 소위 보릿고개다. 먹을 것이 없어 보리밭을 기웃거리며 하루라도 빨리 보리가 누렇게 익기를 학수고대 하는 시기였다. 어린 자식이 굶고 굶어 얼굴이 누렇게 떴다. 그런데 이팝나무 꽃이 피면서 그 소담함이 쌀밥으로 보인 것이다.

새벽녘에 무심코 커튼을 젖히고 창밖을 내다보니 온통 하얗다. 밤사이 눈이 내려 소복하세 쌓였니 하는 착각이 들 정도였다. 정신을 가다듬고 좀 더 눈여겨보면 마치 밥사발에 흰 쌀밥이 가득 담긴 것 같다는 느낌으로 다가오기도 하였다. 나무 전체가 큼직한 하얀 꽃다발이고 이밥으로 비쳐지는 것이다. 이팝나무 꽃은 다른 꽃에 비해 개화 기간이 다소 길다. 또 하얀 꽃이 찔끔찔끔 피지 않고 나무 전체가 한꺼번에 피면서 푸짐하고도 깨끗하다.

어린 시절 "이밥에 고깃국을 먹고 비단옷을 입으며 고래 등 같은 기와집에 사는 것이 소원이다."던 어른들의 이야기가 아직 귓가에 남아 있다. 이밥은 '이(李)씨의 밥'이란 의미로 조선왕조시대에는 벼슬을 해야 비로소 이씨인 임금이 내리는 흰쌀밥을 먹을 수 있어 쌀밥을 '이밥'이라 하였다; 이팝나무는 이밥에서 유래된 이름이라고 한다. 여름이 시작될 무렵인 입하에 꽃이 피면서 입하목(立夏木)이라 하다가 이팝나무로 부르게 되었다고도 한다..

이팝나무는 일본과 중국 일부에서도 자라지만 세계적으로 희귀한 나무다. 이 꽃을 처음 본 서양인들은 쌀밥을 알지 못하고 마치 눈이 내린 나무와 같아서 '눈꽃나무(snow flower)'라고 하였다. 북한에서는 김일성의 생일이면 이밥에 고깃국을 배급 받았다는 뉴스가 있었던 것 같다. 이밥은 입쌀로 지은 밥이다. 밥상에는 하얀 이밥에 고깃국이 차려져 있었다고 한다. 입쌀은 잡곡에 대하여 멥쌀을 이르는 말로 잡곡밥이 아닌 흰 쌀밥이라는 말이다.

이팝나무 꽃을 넋 놓고 한참 바라보고 있노라면 정말 사발에 흰쌀밥이 가득하게 담긴 모습이 떠올랐다. 달리 특별한 간식이 없을 때이니 일꾼에게는 밥을 많이 먹어야 힘을 쓴다고 하였다. 오로지 밥심으로 일할 때였다. 밥을 꾹꾹 눌러 푸고도 부족해 밥사발 위로 올라가는 것이 더 많게 퍼 담아 고봉밥이라고 하였다. 일꾼은 거뜬하게 먹고 눌은밥에 숭늉까지 챙겼다. 그래야 힘껏 일을 하면서 제대로 밥값을 하는 일꾼으로 인정받을 수 있었다.

그런데 보리가 패면서 누렇게 익을 때까지가 가장 어려운 시기로 보릿고개다. 먹을 것이 없어 한숨뿐이었다. 한숨도 힘이 없으니 크게 내쉬지를 못했을 것이다. 보리밭에 누른 기운이 비치면 목을 똑똑 따서 찧고 까불러 밥을 지었다. 가뜩이나 없는 살림에 서두르다 보니 수확량이 줄어들 수밖에 없다. 하지만 그렇게라도 먹고 견뎌야 했으니 오죽했으랴. 당시는 지겨우면서도 아주 고맙고 눈물겨운 보리밥이다. 그 보리밥에서 입맛을 찾는다.

정말 알 수 없는 것이 사람의 마음이고 입맛이지 싶기도 하다. 그 시절은 없어 못 먹고, 지금은 싫어 아니 먹는다. 참으로 어찌 보면 얄궂은 모습이기도 하다. 물론 껄끄러운 보리밥이 아니라 입맛에 맞게 잘 가공되어 그때와는 질에서 비교가 되지 않을 것이다. 그래도 못 잊어 보리밥집을 찾아다니기도 한다. 그래야 없는 입맛이 돋는다고 한다. 물론 그 때와는 천양지차겠지만 그 속에서 위안을 삼을 수 있다니 그나마 다행스러운 일이라고 하겠다.

- 2019. 05. 08.

제2부 계획은 약속이다

거제도 한화리조트에서

계획은 자신과의 약속이다. 비록 자신과의 약속일망정 신중해야 한다. 그래야 신뢰성이 쌓이면서 매사에 자신감이 생길 수 있다. 새해가 되면 나름대로 한 해의 계획을 거창하게 세워본다. 대개가 며칠 지나지 않아 흐지부지한다. 그래도 연말이면 무척 아쉬워한다. 제대로 이루지 못했기 때문이다. 그러나 다시 들여다보면 계획자체가 계획을 위한 계획 같아 얼굴 뜨겁게 하기도 한다. 겉만 그럴듯할 뿐 속은 당치않아 거리감이 있었다. 마음만 앞질러서 가고 있었다. 그러니 새삼 아쉬워 할 일도 아니었지 싶었다.

쾌변(快便)

쾌변은 배변이 순조롭게 되고 배변 후 상쾌한 느낌이 있는 상태를 말한다. 하룻밤 잘 자고 아침에 변을 잘 보면 몸이 거뜬하니 하루가 잘 풀리지 싶다. 그런데 변을 제대로 못 보거나 시원치 않으면 몸이 무겁고 마음까지 찌뿌둥하여 개운치 않으면서 일이 잘 풀리지 않고 꼬인다. 변은 음식을 먹고 소화되어 더 이상 볼 것이 없는 무기질의 배설물이다. 먹은 음식은 일정 시간을 지나면 소화기를 거쳐 배설하도록 되어 있다. 그런데 어느 기관에서 이상이 생겼는지 제대로 배설이 되지 않는 것이다.

속을 비워야 다시 새로운 음식물이 가뿐한 마음으로 들어갈 텐데 어딘가 좀은 매끄럽지 못한 상태이다. 비워야 할 때 비우지 못한 것이다. 잡아두어야겠다는 욕심에서가 아니다. 순리대로 따라 주질 못해 부작용이 나타나는 것이다. 이처럼 마음도 비워야 할 때 비워야 한다. 쓸 데 없는 것까지 잔뜩 끌이고 있으면 어쩌겠는가. 미처 버리지 못한 것으로 끝나는 것이 아니라 다른 데까지 영향을 끼쳐 흔들리는 것이다. 버릴 것은 제때에 버리는 것이 현명하다. 아끼듯이 지니고 있을 필요가 없다.

유년시절에 어른들은 그저 잘 먹고 똥 잘 싸는 것이 건강에 제일이라고 했다. 잘 먹고 소화 잘 시켜 변을 잘 보면 건강해서 무럭무럭 자랄 수 있다는 것이다. 그런데 변을 잘 못 본다는 것은 그만큼 어딘가 정상적 궤도에서 이탈하고 있는 것이다. 가장 기본적인 신진대사에 문제가 발생한 것이다. 초기에 바로 잡아야 한다. 대수롭지 않게 여기다 낭패 볼 수 있다. 변비가 있고 설사도 있다. 너무 변을 못 봐도 그렇고 자주 봐도 그렇다. 어차피 몸은 시달리게 된다. 서둘러 정상을 찾아야 한다.

변이라면 더럽다는 선입감이 확 달려들면서 먼저 눈살부터 찌푸린다. 우리의 몸속 내장을 거쳐 소화를 시키면서 맨 마지막에 몸 밖으로 나오는 배설물이다. 변은 그래도 점잖은 이름이라면 아예 똥으로 이름을 바꾸어 달면서 자신의 몸에서 갓 나왔을지라도 아주 고약스런 냄새에 더러운 것으로 매정할 만큼 마음이 싹 돌아서 바뀌는 것이다. 어찌 보면 방안에서 방밖으로 나온 정도인데 상황은 달라도 너무 다르다. 시간이 흐르며 부패되었다면 또 사정은 다르겠지만 똥 그 자체가 싫은 것이다.

아무리 우아한 사람도, 아무리 훌륭한 사람도, 어른도 아이도 그 누구를 막론하고 뱃속에는 매일 같이 매 시간 똥으로 가는 과정이 있고 또 피해갈 수도 없다. 그래도 가타부타 하지 않는다. 다만 때가 되어 몸 밖으로 배설되면서 문제가 된다. 그 과정은 아무리 권력이 있고 돈이 많고 수완에 넉살이 좋다거나 고고하다고 해도 대리하거나 중지시킬 수는 없다. 똥은 힘이 없는 약자는 물론 강자며 죽어가는 사람까지도 스스로 겪어내야 할 삶의 한 과정인데 어쩌랴. 다만 뒤처리가 깔끔해야 한다.

똥에도 여러 모양이 있겠지만 아무래도 황금변이라면 바나나 형태로 끊어짐 없이 길게 마지막까지 나와야 한다. 하루 400g정도는 되어야 식생활이나 정신에 모두 좋은 상태가 될 수 있다고 한다. 그렇다고 냄새가 없는 것은 아니다. 어쨌거나 변을 보고 더부룩함보다는 가뿐하니 기분이 상쾌해야 한다. 신진대사에 꼭 필요한 부산물이기도 하다. 그러려면 비웠다는 가뿐한 마음이 들어야 한다. 내장도 비워야 다시 채울 수 있듯이 필요 없는 것은 깨끗이 치우고 새롭게 받아들일 준비를 하여야 한다.

어릴 적에 친구끼리 놀다가 별 것도 아닌 것을 가지고 갑자기 다투는 일이 생겼다. 실랑이하다 불리하거나 말문이 막히면 "그래 네 똥 굵어." 하면서 슬그머니 한 발 물러섰다. 똥이라는 말에 욕으로 여기며 불쾌했었다. 그런데 요즘 생각하니 그게 아니다. 아주 심한 욕으로만 여겼지만 한 편으로는 무심코 내뱉는 중에 축복의 말이었다. 똥은 가래떡처럼 굵게 누워야 한다. 너무 묽어도 안 된다. 똥을 잘 눕는 것은 건강함을 의미한다. 우선 내장부터 원활하게 잘 돌아가야 몸이 편안한 것이다.

한 과정을 끝까지 잘 매듭지어야 비로소 새로운 일정에 들어갈 수 있다. 따라서 지난 과정은 똥까지도 마지막까지 잘 정리가 되어야 한다. 그래야 후환이 없고 홀가분해진다. 정상적이라면 영양분은 이미 충분히 흡수가 되었을 터이고 이제 마지막 설거지인 셈이다. 어쨌거나 속이 편안해야 건강하다. 정신뿐 아니라 몸이 건강해야 의욕이 생긴다. 요즘처럼 건강에 관심이 많을 때 변을 잘 볼 수 있는 것은 그 자체로 복된 일이라고 할 것이다. 아침에 변을 잘 보면서 즐겁게 하루를 열어나갈 일이다.

"똥이 무서워서 피하나 더러워서 피하지. 똥 묻은 개가 겨 묻은 개 나무란다. 똥은 덮어도 냄새가 난다." 똥은 이처럼 더러운 것으로만 인식이 되었다. 하지만 그 똥을 제 때에 제대로 보지 못하면 이상이 생기는 것이다. 그런데 아이러니하다고 할까. 개는 그 똥을 좋아하고 또 그 똥을 썩혀서 밭에 거름으로 사용한다. 그 거름을 빨아먹고 자란 채소나 그 열매는 크게 문제 삼지 않는다. 아무렇지 않게 맛있다고 잘 먹는다. 우선 직접 눈에 보이거나 냄새가 나지 않으니 그냥 지나치는 것이다.

좋은 일이나 나쁜 일이나 때가 되면 적당한 시기에 버릴 것은 버리고 놓을 것은 놓아야 한다. 그것은 비단 똥뿐이 아니다. 살아가며 필요 이상 혼자만의 지나친 욕심도 내려놓아야 한다. 물론 욕심은 보이지 않고 그 끝을 몰라 한없이 탐하게 된다. 자칫 욕심이 지나치다 보면 냄새 풀풀 풍기는 똥보다 덜하다고 할 수 없지 싶다. 너무 집착에 빠져서도 아니 된다. 함께 살아가는 세상은 이웃이 있다. 소통하고 배려하며 서로 돕고 나누어야 한다. 몸도 마음도 편안해야 매사 거뜬해질 수 있다.

나이가 들면서 의외로 변보기에 고통을 겪는 사람이 많아진다. 변비라고 한다. 속이 뻥 뚫리도록 변이라도 시원하게 보았으면 한다. 지나친 욕심도 아닌데 제대로 되지 않아 얼마나 답답한가. 신진대사에서 어딘가 몸에 이상이 생기고 고장이 난 듯싶다. 쇳덩이 기계도 닳고 닳아 제대로 이가 맞지 않거나 금이 가고 부러지는데 사람의 몸이라고 항상 좋기만 할까. 큼직한 하수구도 이따금 막혀 손질을 하는 경우가 있지 않는가. 어쨌거나 아침에 일어나 쾌변부터 보면 하루가 보다 거뜬해질 것이다.

- 2017. 03. 30.

계획은 자신과의 약속이다

계획은 엄연한 자신과의 약속이다. 약속을 그렇게 헌신짝 버리듯 저버릴 수는 없다. 그러나 아무렇지 않게 오히려 당연한 것으로 여긴다. 이루지 못하여 자신에게 낯 뜨겁고 뻔뻔스러운 일인데도 그냥 무덤덤하다. 남이 하는 것은 쉽게 되지 싶다. 누구나 최선을 다해 얻어낸다. 내가 십년만 젊었더라면 지금 같지는 않았을 것이라고 자문자답하면서 위안을 삼는다. 하나의 도피이고 변명에 자기 합리화적인 발상에 지나지 않는다. 대부분 연말이면 못내 아쉬워한다. 연초에 계획했던 일이 제대로 이루어지지 않았다고 한다. 그러면서 새해에는 다시 거창한 계획을 세우고 연말이면 또 마찬가지다. 이렇게 반복되다시피 하면서 세월만 훌쩍 흘러가버린다.

계획은 한낱 보여주기 위한 것이 아니다. 무리한 계획보다는 가능한 계획이어야 한다. 계획과 실천이 겉놀기 시작하면 곤란하다. 통제가 없으므로 처음부터 과대포장으로 의욕을 저버린다. 과시하기 위한 것이 아니다. 뜻을 이루려는데 크든 작든 쉬운 일이 어디 있는가. 해도 그만 안 해도 그만으로 눈앞에 편안함만 즐기는 꼴이 되면 안 된다. 작은 것은 작아 얕잡아보다 못 하고 큰 것은 너무 버거워 엄두를 못 내며 놓치게 된다. 그러면서 반성보다는 변명이나 합리화에 급급하다. 언젠가 다시 하면 된다든지 처음부터 무리수였다든지 구실을 만들어 얼버무리고 만다. 매사 추진함에 치열함이 없이 대충대충 적당히 하다가 허우적거리는 꼴이 되고 만다.

그렇다고 지난 일에 매달릴 수는 없어 벗어나야 한다. 지나친 집착은 오히려 해가 된다. 다만 거울로 삼으면 된다. 조금 먼저 출발하면 나을 수는 있어도 꼭 유리하다고 할 수는 없다. 언제든지 따라잡고 추월할 수 있다. 삶은 하루를 사는 것이 아니다. 일생을 사는 것이다. 줏대가 있어야 한다. 중심을 꽉 잡아야 한다. 선입감에서 탈피하여 의지를 꺾이지 말고 뚜벅뚜벅 가야 할 길이다. 인생에 보다 가치 있는 큰 그림을 그려야 한다. 앙갚음이 모질도록 몇 배 되갚는 것이라면 안 갚음은 갚을 수 있음에도 갚지를 않는 것이다. 삶은 누군가를 응징하는 것이 아니다. 남에게 또박또박 못할 짓을 하는 것이 아니다. 서로가 용서하고 내려놓으면서 가는 것이다.

계획은 새로운 도전이기도 하다. 그래서 기대와 참신함이 있는데 도상훈련으로 끝나는 경우가 많다. 그림만 그리고 무늬만 화려할 뿐 내실이 없는 것이다. 행동으로 이어지지 못하고 그냥 흐지부지 되고 마는 것이다. 집을 잘 지으려면 꼼꼼하게 설계부터 하듯 일을 함에 계획을 세우는 것은 당연한 것이다. 적당히 우물쭈물하고 막연하게 추진하다가 기초나 뼈대가 확실치 않으면 이루어진다고 하여도 자칫 사상누각이 될 수 있다. 너무 무리한 계획이었는지, 추진력이 부족한 것인지, 처음부터 의향이 별로 없어 낙서처럼 그려본 것인지, 애매모호하면 작심삼일로 끝나기 십상이다. 계획은 자신과의 약속이지만 자신이라고 부도를 자주 내면 좋을 것이 없다.

진정한 아픔은 다른 사람의 입줄에서보다 자신에게조차 인정을 받지 못하는 것이다. 스스로 의욕을 상실하는 것이다. 앞이 보이지 않게 쏟아지는 빗줄기라도 시간이 흐르면 곧 그치고 맑은 하늘을 볼 수 있게 된다. 그 과정을 어떻게 이겨낼 수 있느냐다. 보다 슬기롭게 대처하면 어딘가 해결의 실마리는 보이고 의지로 일어설 수 있다. 오히려 힘을 보태며 더 좋은 기회가 될 수 있다. 하나의 역이용이라 할 수 있는 채찍인 셈이다. 항상 만족하지 못하여 다소 부족함은 있을 수 있다. 가는 길이 남들과는 다소 달랐을 수도 있다. 그럴수록 험난하고 기다림을 필요로 하며 더 갈고 닦으며 나아갈 용기가 필요했을 것이다. 약속은 지키기 위해 있는 것이다.

- 2017. 04. 17.

삶은 시간과의 다툼

경칩이 며칠 전에 지나갔다. 따스한 햇살과 더불어 봄기운을 느끼기에 손색이 없다. 방안에 갇혔다가 산책을 나와 즐기는 사람들이 나날이 늘어났다. 이처럼 봄은 사람을 바깥으로 불러낸다. 방안보다는 바깥이 좋다. 바람이 분다. 봄바람이다. 반가움에 꽉 움켜잡아도 잡히지 않고 금세 빠져나간다. 하지만 냉랭하지 않은 따스한 온기가 남아있고 달달한 맛 같은 감촉이 스며들었지 싶다. 그래도 그것이 봄이지 싶어 짜릿한 기분이다. 긴 겨울을 나며 그토록 기다렸던 순간이다. 따스한 햇살과 함께 지겹던 겨울은 벌써 잊은 듯싶다. 훌훌 털어버린 듯싶다. 사람의 마음은 아주 간사해서 단호해 보여도 때로는 이처럼 단순하기 그지없다. 그래서 좋다.

싱숭생숭한 마음에 2017년 봄의 진원지라도 찾아가듯 바다 건너 제주도로 간다. 그다지 낯 설은 곳도 아닌데 떠남이 기다려지고 다소 설렘이 묻어나는 것은 겨울이란 긴 터널에서 벗어난 봄 마중이기 때문이기도 하다. 아무래도 환경의 차이가 현저하게 느껴지기 때문이기도 할 것이다. 여행은 그만큼 생활에 활력소가 되기도 한다. 소풍만 떠나도 전날 밤 잠을 설쳤던 어린 시절이 있지 않던가. 가까운 곳은 어지간하면 떠나봄직도 하다. 봄은 바다에 텀벙텀벙 빠져가며 서둘러 올라와도 왠지 좀은 더디게 오는 것만 같다. 하지만 봄은 봄대로 으스대며 앞장서 뽐내고 싶을 것이다. 현지에 와서 보면 안다. 바람에 뒤섞여도 봄기운은 용케 느낄 수 있다.

불과 며칠, 아니 한나절이라도 남보다 먼저 봄을 맞이하고 싶어 하는 마음이다. 그래야 큰일이라도 한 양 부듯해진다. 가만히 있어도 때가 되면 온 천지가 봄으로 가득 차서 넘칠 텐데 그새를 못 참고 안절부절 한다. 그것이 사람의 마음이다. 남이 미처 못 한 것을 먼저 하고 조금이라도 뒤지고 싶지 않은 은연중 경쟁 심리이기도 하다. 마치 새해를 맞으며 해돋이를 보겠다고 일출의 명소를 찾아 아우성치던 것과 다름 아니지 싶다. 그래, 그런 마음마저 없으면 삶이 너무나 단조로울 것이다. 어찌 보면 삶은 시간과의 다툼이기도 하다. 조금이라도 아주 조금이라도 더 시간을 단축하면서 앞당겨 갈 수 있느냐에 큰 의미를 담고 있는 것도 사실일 터다.

평소 차를 타고 가도 앞질러 가고 싶어 한다. 운동경기도 그렇다. 마라톤은 기록경기다. 42.195킬로미터의 장거리임에도 경기가 있을 때마다 불과 몇 초라도 기록을 경신할 수 있을지 초미의 관심거리가 되기도 한다. 농산물의 출하나 신상품의 생산은 약간의 차이가 엄청난 결과의 차이를 보이기도 한다. 선점할 수 있느냐에 따라 사활이 걸리기도 한다. 때로는 "시간이 곧 돈이다."란 말로 표현되면서 시간과의 싸움이 되기도 한다. 식품은 유통기한이 있다. 날짜가 나이다. 그 날이 지나면 사실상 사형선고나 마찬가지다. 곧 수명을 다하게 된다. 생명의 나이는 때로는 인위적으로 다소 뒤바뀔 수도 있다. 일률적이기 보다는 특성에 따라 달라진다.

복면가왕이란 티브이프로가 있다. 복면을 벗는 5초 동안 카운트다운을 한다. 그 5초가 엄청나게 길게 느껴진다. 몹시 궁금해 한다. 누구야? 왜 그래? 대박이다! 불과 몇 초지만 그새를 못 참고 빨리 보고 싶어 야단법석이다. 아무리 급해도 때로는 느긋함을 지녀야 한다. 서둘러도 안 되는 일이 있고 서둘지 않아도 되는 일이 있다. 자연의 이치이고 순리이다. 여북하면 바쁠수록 돌아가라는 말도 있다. 시간의 다툼도 휴식이 필요한 것이다. 어찌 시간뿐이겠는가. 넘치는 의욕이나 강한 힘만으로 안 되는 일도 있다. 윤활유처럼 부드러움도 필요하다. 강약의 조절과 함께 조화를 이루어야 한다. 제대로 맥을 짚어야 강한 것과 약한 것이 공존할 수 있다.

바람이 세차게 몰아쳐도 부러지지 않고 차분하게 유연성을 보이는 것은 아마 버드나무가 제일일 것이다. 축 늘어진 가지가 휘청휘청 힘없어 보여도 힘과 힘의 대결이 아니라 오히려 바람을 가지고 즐기는 것 같다. 정면대결을 하면 견뎌낼 수가 없다. 그러나 단순히 강함은 부드러움을 이기지 못한다. 세상은 때로는 힘만 가지고 되지 않는 것이 있다. 요령이다. 상대방을 거꾸로 이용하는 것이다. 오래도록 갈고 닦아온 내공처럼 보인다. 소나무는 올곧지만 유연하지 못해 곧잘 가지가 부러지고 통째로 넘어진다. 이런저런 삶의 다툼이 만든 피해이기도 하다. 바람모지서 평생토록 맞서다 몸통에 엿가락처럼 비비꼬인 상처는 껍질을 벗으며 드러난다.

- 2017. 03. 13.

거짓은 망상의 늪

거짓은 반칙으로 오래가지 못한다. 반칙은 일시적 묘기일 뿐이다. 끝내는 드러날 것이기에 자꾸만 불안해진다. 그 불안을 메꾸고 해소하려다 거짓은 거짓으로 이어진다. 거짓으로 덧칠을 거듭하며 거짓말쟁이가 되고 만다. 거짓은 진실된 묘기가 아니라 망상의 늪이다. 막연히 현실에서 벗어나려는 순간적인 몸부림에 지나지 않는다. 이따금 치밀하게 계획된 거짓도 있지만 거짓에 완벽한 것은 없다. 어딘가에 허점이 있게 마련이다. 시간이 흐르면서 그 허점에 틈이 점점 벌어지고 눈치를 채게 되어 그 거짓의 정도에 따라 발칵 뒤집어 놓기도 한다. 그 때는 뭇 시선의 심판대에 오르면서 정말 수습하기 어려워 뒤늦은 후회를 하며 눈물을 훌쩍거리게 된다.

묘기를 잘 부리면 대중으로부터 많은 박수를 받는다. 그러나 거짓도 묘기라고 박수를 받을 수는 있다. 잘못 된 박수, 눈가림에 대한 박수는 한계가 있어 곧 들통이 난다. 분노와 허탈에 야유와 몰매 맞는 대가를 치러야 한다. 그냥 적당히 웃어넘길 범위를 넘어 우롱하며 자존심을 건드리고 손해를 끼얹으면서 배신감을 동반한다. 자신만이 그 과정에서 태연한 척 빠져나오면서 일은 더 꼬이고 곤경에 빠져든다. 거짓은 그대로 거짓일 뿐이다. 거짓은 한낱 일시적인 눈가림의 속임수다. 속임수는 끝내 진위가 가려질 것이 두려워 다시 거짓으로 이어지는 망상의 늪에서 헤매기 십상이다. 거짓은 서로 아귀가 들어맞지 않는 모순으로 그 음흉한 끝이 드러난다.

상대가 거짓에 깜빡 속아 넘어감에 순간적인 쾌재를 부르며 짜릿한 쾌감에 젖는다. 자만심으로 우쭐해지면서 거짓을 즐기기도 한다. 거짓은 억제하기 어려운 중독성이 있어 헤어나기 어려워 거짓은 거짓을 만들어 낸다. 사람은 불완전하다. 대개의 소박한 사람들은 순수하고 부족함이 많다. 그 부족함 속에서 서로를 위로하고 배려하고 나누며 아기자기 살아간다. 나만이 완벽을 꾀하려는 거짓에 오히려 발목을 잡혀 앞날을 그르치게 한다. 거짓으로 적당히 해결하거나 타협하려는 망상의 늪에서 빠져나와야 한다. 과대포장에 사기성으로 논란의 대상에서 벗어나지 못한다. 정당치 못한 치졸한 거짓은 결코 정당화될 수가 없는 공공의 적으로 근절되어야 한다.

거짓인 속임수에 곧잘 걸려드는 데에도 문제가 있다. 거짓은 홀딱 반할 만큼 매력을 지니고 있다. 겉이 반지르르 당당해 보인다. 그래야 살아남는다. 마치 잡초가 곡식을 짓누르고 수없는 눈초리 속에서 버젓이 살아남듯 한다. 거짓의 폐해는 이루 말할 수 없다. 걷잡을 수 없이 확산될 수 있다. 거짓은 얼핏 그럴 듯싶어 의심보다 호감을 산다. 때로는 진실보다 더 진실 같아 헷갈리게 한다. 잡초의 생명력이 질기고 강하듯 거짓 또한 못지않다. 거짓은 두 얼굴을 지녔다. 악과 선으로 숨바꼭질하며 안간힘을 쓴다. 합법을 가장한 반듯한 진실의 얼굴에서 불리해지면 언제든 인정사정없는 악마 같은 추악한 몰골로 위협을 가하며 변명을 늘어놓기에 급급해진다.

때로는 선의적인 거짓으로 기분이 나쁜 정도가 아니어서 그냥 넘어가기도 한다. 그렇지만 의도적으로 곤경에 빠지게 하거나 이해관계에 이용하기 위한 거짓된 포장이라면 그 누구도 쉽게 받아들이기 어려울 것이다. 거짓은 어느 경우든 미화될 수 없다. 거짓은 그냥 거짓일 뿐이다. 거짓이 잦아지면 범죄로까지 이어지고 사회생활에서 신용을 잃어 자연스럽게 따돌림을 받을 수밖에 없다. 신용은 그 무엇과도 바꿀 수 없는 자산이다. 거짓이 없는 훈훈한 사회로 오순도순 살아가기를 희망한다. 그런데 갈수록 낯가림을 한다. 아파트시대가 되면서 이웃사촌도 찾아보기 쉽지 않다고 한다. 앞집도 위아래집도 관심 밖이다. 오로지 나만 있는 것처럼 행동하려 한다.

- 2016. 07. 06.

파리 목숨 유감

파리가 날면서 집안을 긴장하게 한다. 주방에서 거실로 거실에서 안방으로 저희 집 드나들듯 한다. 어디서 나타났는지 궁금하다. 비록 너에게 날개가 있어 가뿐하게 날아다니지만 그것으로 뽐낼 일은 아니다. 네가 엉겁결에 찾아왔으니 잠시 머물다가 순순히 물러갈 줄 알았다. 그런데 눈앞에서 알씬거리며 심히 거슬리게 한다.

내가 너의 집에 간 것이 아니라 네가 내 집에 무단침입해서 눈치코치 없는 행동은 당당함이 아니라 못된 심보의 행패다. 넉살좋게 아무데나 불쑥불쑥 드나들며 보이는 것 없이 제멋대로다. 아무리 미물이라도 허락 없이 드나드는 것은 있을 수 없는 일이다. 여기는 너희가 오가며 노닐 곳이 아닌 금지구역이라는 것을 잊지 말거라.

뭐, 불시에 방문한 손님이라고? 허허, 손님 좋아하시네. 그래 불청객도 손님이라면 못 갈 곳 없겠다. 애초부터 그런 억지를 부리는 것이 아니다. 맞서 저항할 힘이라도 있으면 꼴에 으스대며 어디 한 번 덤벼보란 말이다. 여북하면 파리 목숨이라는 말이 생겼겠는가. 여차하면 말 그대로 쥐도 새도 모르게 너 하나쯤 목숨을 거두어도 누구 하나 눈 깜짝하지 않는다.

그런데 네가 겁도 없이 내 앞을 감히 오락가락하며 눈살을 찌푸리게 하는가. 그렇게 선발대처럼 와서 정찰하다 여건이 괜찮다 싶으면 다시 네 족속들을 데려오고 새끼까지 치면서 마치 너희 왕국인 것처럼 누리면서 살겠다는 속셈이 눈에 뻔하다. 일찌감치 그 헛된 망상에서 벗어나 즉시 물러가거라.

나에게 인내심은 있으나 한계가 있다. 언제 화를 돋우며 폭행이 아니라 아예 네 목숨을 통째로 내놓으라고 할지 모른다. 화를 당하기 전에 서둘러 내 눈앞에서 썩 사라져라. 행여 내 손에 너의 그 더러운 피를 묻히기 싫다.

파리가 무서운 힘을 지니고 있는 것은 아니다. 모기처럼 따갑게 찌르면서 피를 빨거나 물지는 않지만 그냥 싫다. 아주 비위생적인 곤충이다. 어느 더러운 곳을 돌아다니다 털이나 발에 무엇이 묻어있는지 모른다.

보기에도 추한 생김새에 께름칙한 것이 병원균을 옮기는 매개역할을 서슴지 않고 한다. 음식물을 보면 거침없이 덤벼든다. 잠자는 얼굴을 참견하듯 더듬거리고 다닌다. 아무 데나 배설을 한다. 누가 좋아하겠는가. 아무도 없다.

어느 날 불쑥 나타나 태연하게 집안을 휘저으며 혼란스럽게 한다. 어느 한 구석 곱게 보아주려고 해도 구역질부터 난다. 그런 녀석이 내

집에 있고 내 곁을 돌아다니는 것이다. 날개가 있다고 소리 없이 제 마음대로 헤집고 다닌다.

"파리 떼 덤비듯 한다."고 한다. 이권을 보고 모리배가 파리 꾀듯 여기저기서 자꾸 모여든다는 말이다. 음식이 있는 곳에 쫓고 쫓아도 파리가 비위 좋게 마구 덤벼든다. 약이 올라 파리와 신경전을 벌이기도 한다.

"파리를 날린다."고 한다. 영업이나 사업이 번성하거나 바쁘지를 않고 아주 한가하다. 파리도 먹을 것을 보고 떼로 덤벼드는데 그렇지 못해서 이리저리 빈둥거린다. 시중 경기가 좋아지면서 얼굴들이 환해졌으면 좋겠다.

장마철에 더위가 극성부리는 삼복이다. 주변을 깨끗이 하여야 한다. 파리가 외부로부터 스며든다. 시장바구니의 야채나 옥수수 같은 껍질에 휩쓸려오기도 한다. 한 번 들어오면 좀처럼 나가려고 않고 염치라고는 없이 눌러 지낸다.

번식력이 왕성해서 금세 세를 불려 아예 제집처럼 스스럼없이 돌아다닌다. 제 마음에 드는 곳이면 천장이고 벽이고 가리지 않고 달라붙어 있다가 음식냄새만 나며 슬금슬금 모여든다. 괘씸하기 짝이 없는 녀석들이다.

상판은 보기조차 역겨운데 어디서 그런 애교 아닌 애교를 익혔는지 툭하면 다리를 모으고 손을 싹싹 빌듯 잘도 비벼댄다. 하지만 누가 받아줄까. 인간에게 파리는 이미 눈 밖에 나서 결코 공존할 수 없는 관계이다.

그럼, 파리는 어디서 지낼까? 아마 파리와 가깝다는 사람은 없지 싶다. 깔끔하고 화려한 꽃도 싫어 파리가 거의 찾지 않는다. 모기도 파리와 함께 놀지 않는다. 파리는 썩어 냄새가 풀풀 나는 곳이나 즐겨 기웃거린다.

예전에는 자장면을 먹으며 파리를 잡아 슬그머니 음식에 넣었다가 꺼내놓으면서 주인을 불러 닦달했다. 위생이 어떠니 한참 훈시를 하는 점잖지 못한 손님이 있었다. 음식 값은 그만두고 금품을 요구하는 일이 있었다고 한다.

참으로 낯 뜨거운 일이다. 그 파리는 손님에게는 구세주였겠지만 주인에게는 악몽 같은 존재다. 먹는 음식으로 장난질을 치다니 똥파리만도 못한 녀석이다. 협박을 하며 금품까지 뜯어내는 막가파로 삭막한 세상이다.

이처럼 하는 짓거리가 지저분해 입에 담기조차 뭐할 만큼 대중의 분노를 사는 볼썽사나운 인간이 더러 있다. 이런 인간에 귀중한 목숨이 위협을 받고 있다. 어찌 사람의 목숨이 파리와 같아서야 되겠는가. 안타까운 일이다.

그런 녀석들은 끝내 속을 뒤집어 놓는다. 쓰레기장 같은 곳에 번식하는 파리와 다를 것 없는 쓰레기 같은 녀석들이다. 제 앞가림도 제대로 못하면서 일만 저지른다. 청결하면 파리가 없듯이 사회를 정화시켜야 한다.

요즈음은 나라 안팎에서 크고 작은 일들이 수시로 벌어진다. 한꺼번에 수십 명씩 사상자가 생겨난다. 아무런 잘못이 없고 영문도 모른 채 희생자가 되고 있다. 때로는 파리 목숨만도 못하지 싶을 만큼 허무하게 죽어가고 있다.

"파리 잡듯 하고 파리 목숨 같다." 파리 한 마리 죽여 없애는데 힘들지 않고 목숨은 바람 앞에 등불과 같다. 파리도 한 생명이지만 그 얼마나 보잘것없는 목숨인가. 그런데 죽을 줄 모르고 나타나 겁 없이 깐죽거린다.

"파리가 앞발을 빌듯 한다."고 한다. 자신의 잘못을 진정으로 뉘우지며 상내방에게 머리를 조아리고 빈다는 뜻이다. 그런데 항간에서는 빌기는커녕 되레 큰소리치며 되잡으려 한다.

사람이 파리가 빌듯 그만큼 싹싹 빌었으면 측은해서라도 용서하고 싶은 마음이 들 것이다. 하지만 파리, 너는 어림없다. 애초 너와는 인연이라고는 없어 너만 보면 쫓는다. 아무렴, 네가 수없이 빌어도 감동이라고는 없다. 너도 엉거주춤 엉덩이 붙일 생각 말거라.

- 2016. 07. 17. 제헌절

칡꽃

칡넝쿨이 길바닥을 건너려 기웃거린다. 억세게 나무를 휘감고 뒤덮어 못살게 굴더니 이파리 뒤에 숨어 곱게 꽃피우고 향기를 풀풀 풀어놓았다. 그래, 네 본디 심성은 저리도 고운데 살아가기 무척이나 팍팍했나 보구나. 태생이 꼿꼿하게 일어설 수 없는 천형의 몸뚱이이기에 닥치는 대로 움켜잡으면 놓을 줄을 몰랐던 억척스러운 손이다. 오로지 기죽지 않아야 한다는 신념 하나로 살다 보니 이웃에 대한 배려는 미처 생각할 겨를이 없었지 싶다. 언제나 앞으로 나아가며 다른 나무들을 숨 막히게 보쌈까지 하는 못할 짓도 저질러 원망을 샀겠지. 그래도 넘치는 욕망에 바닥에서 뭉그적거리지 않고 저 푸른 하늘을 올려다보면서 좀 더 높이 오를 수 있었을 것이다.

마치 구름이라도 타고 다니듯이 거침없이 나무 위를 마음대로 휘젓고 다닌 것이다. 비록 줏대는 없어도 낮지 않게 높이 살아가려 다른 나무를 닥치는 대로 타고 일어설 수 있었던 것이다. 그러면서 아래까지 훤히 내려다볼 수 있었던 것이다. 그렇게 허세만 부리지 않고 열심히 만든 영양분은 뿌리로 보내 땅속 깊이 저장하면서 알찬 삶을 산 것이다. 남들은 징그럽도록 억센 칡넝쿨이라고 가까이 다가올까 살래살래 고갤 흔들어도 개의치 않았다. 한여름, 사람들은 무덥다고 힘이 쭉 빠질 때 너희는 제철을 만나는 것이다. 자고 나면 한 뼘씩 쭉쭉 밀고 다니기도 했다. 대나무처럼 마디마디에 힘을 비축하였던가. 심줄처럼 질긴 겉가죽에 당돌하게 고개를 쳐든다.

칠월 산자락의 양지에 무성한 이파리로 부지런히 초록그늘을 만들어 가더니 끝내 큰일을 저질렀다. 살그머니 칡꽃이 피었다. 붉은 빛깔의 자주 꽃이다. 오가는 벌 나비는 찾아보기 쉽지 않아도 어찌 마음에 닿지 않으랴. 칡꽃이 피었다. 너도 꽃을 피우는 입장에서 어쩔 수 없는 신성함이 담긴 수줍음이다. 새삼 모든 이에 대한 감사의 겸손함이다. 처음으로 베풀며 자축하는 자리다. 그 순간 얄밉기만 하던 칡넝쿨에서 순수의 아름다움에 빠져든다. 마치 칙칙폭폭 기차놀이라도 하듯 이곳에서 저곳으로, 땅바닥에서 나무위로 못 갈 곳이 없는 양 밀치며 휘젓고 다니던 칡넝쿨이다. 당당한 기세로 차일을 치고 햇빛조차 들여놓지 않던 그들만의 축제 한마당이었다.

- 2016. 07. 20.

소나기 삼형제

한여름 장마가 끝나고 내리쬐는 땡볕에 헉헉거릴 때 이따금 소나기가 내렸다. 갑자기 먹구름이 몰려들어 컴컴해지면서 번개가 번쩍거리고 우르르 쾅, 천둥이 공포의 분위기를 만들며 거칠게 물을 들이 붓듯 소나기가 쏟아졌다. 천둥번개 치는 순간 온몸이 후들거렸다. 큰 죄를 짓고 천벌이라도 받는 양 겁에 잔뜩 질려서 작아질 대로 작아졌다.

어찌나 소리가 우렁차고 빛이 눈을 뜰 수 없을 만큼 강렬한지 금방 벼락이 떨어질 것만 같았다. 뜬금없이 뭐 잘못한 것은 없나 바쁘게 필름이 돌아갔다. 마음은 더듬더듬 몸은 한없이 작아지며 쭈그러들었다. 별일 없겠지 하면서도 가슴이 덜컹거리며 조바심이 났다. 순간 나쁜 짓만은 하지 말아야지 다짐을 했다.

소나기로 더위에 찌들고 지친 마음이 후련하도록 씻겨나갔다. 삽시간에 검붉은 물이 불어났다. 이글거리던 땅바닥에 물방울이 작은 풍선으로 부풀어 더위가 떠다녔다. 콸콸 소리를 내지르며 우르르 휩쓸려갔다. 빗물은 북덕물로 마을입구의 텃논으로 몰려들었다. 목이 타들며 갈라진 논바닥은 벌컥벌컥 막걸리를 들이마시듯 단숨에 들이켰다. 축 처진 호박잎이 팽팽해지고 논밭은 물을 머금고 생기를 되찾아 초록물결로 출렁거렸다.

여름 소나기는 달랑 한 줄기가 아니다. 몹시 사나울 만큼 힘차게 쏟아지다가 싱겁게 멎었다. 그러다가 잠시 후에 두 번쯤 더 쏟아지면서 삼형제가 몰려다닌다고 했다. 그토록 거침없이 쏟아지던 소나기는 결국 오래가지 못했다. 굵은 빗줄기는 가늘게 내리는 비와는 달라서 뒤끝이 지저분하게 찔끔거리지 않았다.

그래서 소나기는 우선 피하고 볼 일이었다. 급한 대로 둥구나무 밑에 찰싹 붙어있거나 비좁은 처마 밑으로 몰려들기도 하였다. 비가 그치면서 사방이 훤해지는가 싶으면 언제 비가 내렸느냐는 듯 금세 새초롬하게 파란 하늘을 드러내고 눈부신 햇빛이 쏟아지기 시작했다. 이미 소나기는 멀리 사라졌지만 그래도 더위는 잠시 주춤거렸다.

마치 이런 시간이 올 것을 알고 미리 준비라도 한 양 매미의 축제 한마당은 귀가 찢어져라 목청껏 울어댔다. 새들은 깃털을 털어내며 먹잇감에 번뜩였다. 물기가 미처 마르지 않은 하늘에 무지개가 선명하게 아치를 만들며 들뜨게 하였다.

어느 때는 위쪽에 다소 흐릿하지만 또 하나의 무지개를 그리며 쌍무지개가 떠올라 감동에 젖는 행복한 날이었다. 잠자리가 어지럽게 하늘을 날았다. 재수가 좋은 날은 눈을 끔뻑거리는 두꺼비까지 볼 수 있었다. 개는 꼬리를 치면서 이리 뛰고 저리 뛰었다. 넋 나간 수탉이 대낮에 목청을 돋우다가 멋쩍은가 보다. 큰 눈을 감았다 떴다 되새김질에 거품을 머금은 소가 등 쪽으로 꼬리를 휘둘러보지만 그리 만만

한 파리가 아니었다.

한꺼번에 쏟아지는 폭설을『소나기눈』이라고 하고, 갑자기 많이 먹는 밥을『소나기밥』이라고 한다면, 여름날 굵은 빗줄기로 퍼붓는 비를『소나기』라고 할 것이다. 무더위로 시달릴 때 소나기는 농작물에게도 큰 힘이 된다.

올해는 유난히도 무덥다. 가마솥더위, 불볕더위, 염천, 폭염, 찜통더위로도 부족할 만큼 연일 볶아대며 헐떡거리게 한다. 발길을 집안에 묶어놓고 길거리에 돌아다니는 사람이 별로 없다. 밤은 밤대로 열대야에 시달리게 한다. 오늘도 더위가 절정인 오후 3시쯤이다. 갑자기 주위가 어둑어둑해지는가 싶더니 비가 쏟아진다. 오랜만에 찾아온 반가운 소나기다. 시작한 김에 제대로 내려서 후끈거리는 대지며 가슴을 흥건하게 적셔주었으면 싶다.

그러나 어딘가 변변치 않아 보인다. 유년에 자주 듣던 천둥소리나 번쩍거리는 번개가 없어 민망한지 조용히 내리려나 보다. 쏟아지는 듯싶다가 햇살이 보이며 싱겁게 그치지 싶다. 이대로 끝나면 아쉬움만 더할 것이다.

무지개라도 볼 수 있을까 싶어 바깥으로 뛰쳐나갔다. 차들이 모처럼 장난치듯이 물탕을 튕기면서 내닫는다. 바람이 휙 몰아친다. 우산이 휘청한다. 선풍기바람은 비교도 되지 않는다. 에어컨바람과는 또 다르다. 대뜸 신선함이 달려들어 감기는 맛이 있다. 바람과 빗물과 우산에서 짓궂음이 묻어났다.

유년에는 이런 날이 많았는데 추억을 들춰보는 오랜만의 풍경이다. 혹시나 두리번거려 보았으나 끝내 무지개는 나타나지 않았다. 오늘

같은 날 슬그머니 그 우아한 자태를 뽐내어도 좋으련만 틀렸다, 너무 멀리 있는지 모습을 드러내지 않았다. 그만큼 환경이 열악해졌지 싶다. 냇가를 한참 돌아다녀도 뭔가 잊어버린 것 같은 좀은 허전함이 온몸을 감았다.

- 2016. 08. 09.

수구초심(首丘初心)

수구초심은 여우가 죽을 때 제가 살던 굴이 있는 언덕 쪽으로 머리를 둔다는 뜻으로 고향을 몹시 그리워하는 마음이다. 자신의 근본을 잊지 않고 죽으면 고향 땅에 묻히고 싶어 하는 간절한 마음을 비유하는 말이다. '고향이 따로 있나 정들면 고향이지.' 말은 그렇게 하지만 속마음은 여전히 개운치 않다. 여북하면 그렇게라도 마음을 달래보려 하였을까 싶다. 눈을 감으면 더 똑똑히 보이고 잊으려 하면 앞에 먼저 나타나 알씬거린다. 지울 수 없는 추억이 남아있으면 더 그럴 것이다. 수몰민은 애를 태운다. 곁에 두고도 물에 묻어 갈 수 없는 곳이 되었기에 그렇다. 가뭄이 극심하던 해에 대청호에 갔더니 저기는 안방 건넌방 안마당 텃밭이 훤히 드러났다.

친구들과 뛰어놀던 곳, 심지어 언덕 당산나무까지도 그 형태가 고스란히 남아있는데 말문이 턱 막히더란다. 남들은 고향에 간다고 법석을 떠는데 갈 고향이 없으니 그 심정은 어떠하였겠는가. 고향이 더욱 그리웠을 것이다. 때로는 고향이라는 말 한 마디에 울컥해 목이 메기도 한다. 고향은 어머니의 품이다. 어머니는 그 자체로 좋듯 고향이라는 그 이름 하나도 마찬가지로 눈물겨운 그리움이다. 그러니 어머니와 고향이 함께 하면 어떻겠는가. 고향은 그리움이 속절없이 쌓이고 그리움이 끝없이 기다리는 곳이다. 고향을 잠시 찾지 못하는 것은 언제든 갈 수 있어 그래도 위안이 되지만 고향 자체가 아예 없어졌거나 찾을 수 없음은 참으로 가슴 아픈 일이다.

댐 등으로 수몰된 사람들이 있다. 북쪽에서 내려온 분들의 마음 또한 다를 바가 없다. 쉽게 실향민이라고 하지만 그들 마음인들 다르겠는가. 멀쩡히 두고 온 고향이 있는데 장벽에 가로막혀 오가들 못하니 기막힌 일이다. 넋 놓고 휴전선 너머를 멀건이 바라보면서 언젠가는 갈 수 있다는 마음 속 다짐을 수도 없이 하였을 것이다. 눈물 젖어 임진각 망배단에서 복받치는 서러움을 달랬을 것이다. 착잡한 마음으로 내키지 않는 발길을 돌렸을 것이다. 대중엔 명절이면 온 가족이 모이는 고향을 두고도 가지 못하는 사람들이 있다. 취업준비에 여유가 없다. 경제적으로 너무 어려워 찾지 못한다. 특별한 임무로 근무 중이다. 교통편이 마땅치 못하여 찾지를 못한다.

그런데 연휴를 맞아 절호의 기회를 놓칠 리 없다. 남들이 고향을 찾느라 아귀다툼을 할 때 보란 듯이 해외로 나도느라 고향이 대수냐고 슬그머니 밀쳐내는 사람도 있다. 그뿐인가, 이유를 만들어 피해가는 사람도 있다. 그런가 하면 요즈음은 아예 고향에 대한 개념이 없는 사람들도 상당수에 이르고 있다. 병원에서 태어나서 아파트에 살다보니 사실상 이웃과는 단절되다시피 하고 오로지 공부에 빠져 어린 시절을 홀로 보내어 남겨진 것이 없다. 전셋집에 이곳저곳 지겨울 만큼 이사를 다녔다. 어린 시절의 친구나 추억마저 겉돌아 딱히 고향이라고 부를 만큼 정을 둘만한 곳 자체가 없기도 하다. 고향을 빼앗긴 것 같아 자못 아쉬움이 남는 대목이기도 하다.

그만큼 정서적으로 기댈 만한 곳을 잃어가고 있는 셈이다. 이쯤 되면 고향다운 고향을 가질 수 있다는 것 하나만으로도 자랑스러움이 되기도 하고 살아가면서 마음의 의지가 되기에 부러움의 대상이 되지 않을까 싶다. 마음의 고아로 고향이라고 할 만한 곳이 따로 없다고 할지도 모른다. 더 나아가 고향을 논하는 것 자체가 촌스럽다거나 고향을 들먹거려 역겹다고 할지도 모른다. 각박해지면서 고향이 대체 무어냐고 되물어 올지도 모른다. 할머니가 손주들을 앞에 놓고 재미난 옛날이야기를 들려주었듯이 고향이야기를 들려주며 그런 때가 있었다고 얼버무리게 될지도 모른다. 하지만 아직은 고향이 설레게 하니 그래도 다행스러운 시대에 살고 있는 셈이다.

- 2016. 10. 03.

낄 자리 안 낄 자리

대수롭지 않은 일에도 어떻게든 끼어들려고 하면서 너무 오지랖이 넓다고 비아냥을 받는다. 그런가 하면 아예 관심 밖으로 어울리지 않으려고 한다. 때로는 할 말이 있는가 하면 하지 말아야 할 말도 있다. 그런데 거꾸로 하거나 쓰잘머리가 없는 군더더기만 늘어놓아 혼란스럽게 한다.

그 누구도 아무렇지 않게 여기는데 혼자 지나친 자존심에 마음의 울타리를 둘러치고 외톨이가 되기도 한다. 대중에는 자신의 존재를 필요 이상 드러내려고 한다. 적당히 넘어가거나 모르는 척하여도 될 일을 중간에 자기만이 가장 잘 알고 해결을 할 수 있는 일인 것처럼 덤벙거린다.

말하기는 쉽지만 시퍼렇게 날선 비수로 상처를 입힐 수가 있다. 말이 말을 물어내면서 어정쩡한 꼬투리로 구설수에 오르기도 한다. 마음과는 달리 나서야 할 곳이 있고 나서지 말아야 할 곳이 있다. 항상 옳고 그름이 뒤섞여 있으므로 주의를 기울여 눈치껏 시시비비를 잘 가려야 한다.

말은 무심코 하게 된다. 그러나 한 번 밖으로 뱉으면 그뿐으로 되돌릴 수 없다. 그릇에 물도 잘못하여 한 번 쏟으면 그뿐, 다시 주워 담을 수 없다. 그래 더 민감하고 조심해야 한다. 말 실수였다고 하며 잘 수습이 되어도 마음의 상처는 쉬 아물지 않아 아무래도 껄끄러움이 남는다.

끼어도 좋을 자리에는 정작 끼지 못하고 끼지 말아야 할 자리에 끼어 눈총을 받으면 그 얼마나 초조하겠는가. 중도에 이러지도 저러지도 못하고 가시방석 같은 자리가 된다. 뒤늦게 수습하다 보면 변명 아닌 변명에 합리화로 뒤죽박죽 일이 꼬이면서 꼴 보기 사나워 웃음거리가 된다.

때로는 오해였다고도 하고 판단 착오였다고도 한다. 그럭저럭 매듭을 지어도 일방적일 수는 없기에 한 구석 떨떠름할 수가 있다. 내 의견이 그들의 의견과 비슷할 수도 있겠지만 다를 수도 있다. 이것을 조율하는 과정이 소통이기도 하고 이해와 양보와 협조가 필요한 부분이기도 하다.

자칫 맞장구치며 덤벙거리다가 돌이킬 수 없는 크나큰 상처를 입거나 과오를 저지를 수 있다. 겉보기에 똑같지 싶은 것도 때와 장소와 상황에 따라 전혀 다른 모습으로 뒤바뀌기도 한다. 그러니 더 주의를 기울여야 한다. 이를 잘 극복하는 것이 현명하게 살아가는 과정이기도 하다.

일이라는 것이 항상 좋을 수는 없다. 고의적이든 그렇지 않든 당하는 입장에서는 이해관계에 따라 좋지 않은 고부 사이에 막무가내로 끼어드는 시누이의 얄미운 모습으로 비쳐질 수도 있다. 그래서 아무리 좋은 의도에서였다고 하여도 조심스럽고 또 몰라라 외면하기 찝찝한 것이다.

이처럼 낄 자리가 있고 안 낄 자리가 있다. 나는 괜찮지 싶은데 상대방에게는 아주 못마땅하게 여겨질 수도 있다. 혼자서 하는 일이 아니라면 상대가 있듯이 독자적으로 결정지을 수는 없는 일이다. 제대로 분간을 못하면 그만큼 매끄럽지 못하여 뒤끝이 개운치 못한 아쉬움을 남긴다.

요즘은『낄끼빠빠』라는 신조어가 생겼다.『낄 때 끼고 빠질 때 빠져라.』를 줄인 말로 모임이나 대화 따위에 눈치껏 끼어들거나 빠지라는 뜻이다. 내용을 알면 그럴 듯싶어 슬그머니 웃음이 나오면서도 막상 젊은 사람들과 대화를 하려면 이런 장벽에 어리둥절하면서 단절되기도 한다.

- 2019. 01. 04.

기본은 작은 것에 있다

금년 여름은 밤낮이 없이 무더웠다. 광복절이 지나면 대개 아침저녁으로 찬바람이 불어올 텐데, 그 끝이 보이지 않았다. 대전지방은 39.4도까지 수은주가 올라가면서 기상관측 이래 가장 더운 날로 기록되었다. 또한 당일 날씨로는 전국에서 가장 높은 온도였다. 이런 날 시민의 바람은 엉뚱하거나 크지 않다. 단순히 더위만 피할 수 있었으면 한다. 살랑살랑 바람도 좋고 아이스크림에 녹아들며 시원한 수박도 괜찮다. 바작바작 논밭이 타들어 가는 농민에게는 한줄기 비가 쏟아지기를 바란다. 산행을 하는 사람은 시원한 바람이나 물 한 모금을 간절히 바란다. 학교에서 공부하는 학생들은 시험에서 한 문제라도 더 풀기를 바란다.

학부모는 자녀가 공부를 잘하고 건강하게 자라기를 바란다. 이처럼 그 바람이 처음에는 아주 소박하고 당연한 것이다. 그러나 점점 가면서 자꾸 달라지고 커진다. 그것으로도 부족하여 시기와 질투까지 생겨난다. 물론 시기와 질투라고 해서 다 나쁜 것은 아니다. 적당한 시기와 질투는 오히려 자신을 채찍질하며 뭔가 이루어보겠다는 자책과 함께 활력소가 되기도 한다. 나도 할 수 있다. 노력하려는 의지를 보이기도 한다. 나도 그 이상으로 뜻을 이루어 보겠다는 마음다짐이기도 하다. 그런데 그것이 도를 넘으면서 본질은 확 변하게 된다. 괜스레 미워하고 비열한 방법까지도 동원하려고 한다. 노력하기보다는 쉽게 얻으려 한다.

간혹 내가 능력이나 성적이 올라가고 앞서기를 바라기보다는 상대방이 실수하고 순간적으로 놓쳐 자신이 돋보이기를 바란다. 그것은 요행으로 한두 번은 통할지 몰라도 결국은 오래 가지 못하고 좌절하게 된다. 실력으로 챙겨야 기가 죽지 않고 당당하면서 떳떳한 것이다. 부족하면 승복하면서 축하할 일은 축하를 하고 인정을 하여야 한다. 그래야 나도 인정을 받을 수가 있다. 노력한 만큼 그 성과도 거둘 수 있는 것이다. 처음에는 작은 것에도 감사할 줄 아는 소박한 마음이다. 그런데 점점 요령을 부리며 자꾸 옆길로 빠져들고 쉽게 가려한다. 자신만 특별대우를 받고 싶고 반칙하면서까지 필요 이상의 욕심으로 눈이 어두워진다.

올바른 길을 가며 마음을 바르게 해야 한다. 처음에는 힘들어도 끝에 가면 옳았음을 깨닫게 된다. 뒤늦게 후회하고 다시 하려고 하면 이미 기회는 흘러가고 없다. 작다고 늘 작은 것이 아니며 기본은 작은 것에 있다. 제 몫을 다할 때 밑바탕이 되어 사회를 떠받들고 꼿꼿이 설 수 있는 지주가 되기도 한다. 작은 힘이 모여 큰 힘이 된다. 작아도 뭉치면 커진다. 모래밭에 집을 짓는다고 한다. 기초가 튼튼해야 무너지지를 않는다. 바탕이 튼튼하지 못하면 언제 무너질지 모른다. 한순간에 무너질까 불안함이 현실로 닥치면 모두가 물거품이 됨을 종종 보고 들을 수 있었을 것이다. 남에게만 있을 수 있는 일이 아님을 명심해야 한다.

하늘을 가리고 찌를 듯이 크는 나무도 처음 새싹일 때는 보잘것없었다. 하루하루 크면서 지금의 모습이 되고 늙어가는 것이다. 나무라고 한없이 살 수는 없다. 수명이란 것이 있어 죽지 않을 수 없고 순환을 하게 된다. 외관상 작다고 있을 것이 부족하거나 없는 것은 아니다. 어미 닭과 병아리를 비교해 보자. 병아리가 작다고 있어야 할 조직이 대충 있는 것은 아니다. 있어야 할 것은 하나도 빠짐이 없이 다 있다. 다만 작을 뿐이다. 시간이 흐르면서 어미 닭이 되고 그 역할을 충실하게 해내는 것이다. 모든 생명은 존엄하고 또 존중을 받아 마땅하다. 반려견이 자식 같다고 하면서 하루아침에 길거리에 버려지는 일은 없어야 한다.

- 2018. 08. 25.

추억은 따스하다

추억은 굳이 크고 작고가 중요하지 않다. 힘겹고 긴박했던 일에서도 진한 향기가 묻어나며 따스하다. 때로는 떨리는 목소리가 배어 있고 어설픈 몸짓이 젖어 있어 보다 간절한 그리움으로 남아있기도 한다. 그래서 추억은 더 애착이 가며 지우거나 버리고 싶지 않고 잊을 수 없는가 보다.

추억은 시간이 거침없이 흘러가며 시나브로 갈고 닦고 버리고 또 버리고 챙기며 남아있는 알맹이인 앙금이기도 하다. 그래서 좋지 않았던 일까지도 더 이상 나쁜 기억만이 아닌 그리움으로 돌아볼 수 있도록 하는 것이다. 민낯이나 다름없는 모습이 뜬금없이 떠오르면서 뭉클하게 한다.

추억은 은연중 밑바탕의 힘이 되기도 하면서 그리움까지 담고 있다. 지난날을 돌아보며 나를 들여다볼 수 있는 거울이 되기도 한다. 그래서 추억은 마치 감미로운 불후의 명곡처럼 달달함이 느껴지게 한다. 잊었다가 펼쳐보는 앨범처럼 훈훈하면서 궁금증에 설렘 같은 것이 남아있게 된다.

추억이 실타래처럼 한 올씩 풀려나오면서 저 밑바닥 그 어딘가에 간직되었던 지난날이 물레질로 고치에서 곱디고운 명주실을 다 뽑고 나면 웅크린 번데기가 나오듯이 드러나게 한다. 그래서 꾸밈이 없는 순수의 모습으로 진한 국물처럼 구수하면서 텁텁한 그리움이 되기도 하는가 보다.

크게 바쁘거나 새로울 것 없는 노후에는 자연스럽게 현장에서 몇 걸음 뒷전으로 밀려나게 된다. 무료한 시간을 보내게 되면서 인생앨범을 뒤적이며 추억을 들추게 되고 나도 한 때는 이런저런 날이 있었다고 자부하며 혼자만의 미소를 배시시 머금고 또 다른 즐거움을 맛볼 수 있게 한다.

그래서 나이 들면 추억으로 위안을 삼아가며 추억을 먹고 산다고 하지 싶다. 훗날 두고두고 펼쳐볼만한 추억이 있다는 것은 그만큼 나름대로 삶에 의미 있는 여정을 겪었다는 반증이기도 하다. 어쨌든 추억은 언제 꺼내보아도 새삼스러울 만큼 삶의 흔적인 발자취가 진하게 남아있지 싶다.

유년, 학창시절, 군대생활, 첫사랑, 직장, 사회활동, 고향, 부모, 자녀, 가정 등등 수없는 과정을 거쳐 왔다. 죽을 고비가 아니라도 그냥 평범함 속에 평범하지 않았던 이야기처럼 삶 속에 삶의 이야기인 것이다. 살아오면서 발길이 닿은 곳은 어디고 발자취처럼 추억으로 남아있을 수 있다.

달콤한가 하면 애절하고 긴박한 시절에 싫증나고 위태로운 때도 있었다. 추억은 임의적으로 만들어지는 것이 아니라 삶이 응어리져 뒷날 감동으로 다가오기도 하고 다소의 후회와 반성이 곁들여지기도 한다. 이처럼 아무렇게나 생겨난 것이 아니므로 그만한 가치를 지녔다고 할 수 있다.

추억조차 없다는 것은 절절한 삶의 과정을 겪고도 제대로 분별치 못하고 간직하지 못하여 그 등뼈 같은 발자취를 잃어버린 것과 다름 아니지 싶기도 하다. 하지만 추억은 지난 일을 돌이켜 보는 것이다. 따라서 추억은 추억일 뿐으로 얽매이지 말고 보다 미래 지향적이 더 바람직하지 싶다.

- 2019. 05. 16.

제3부 동피랑 캐리커처

작가의 캐리커처

통영의 동피랑 벽화마을이다. 달동네 중 언덕배기 달동네다. 재개발로 사라질 위기에 중지를 모아 독창적인 벽화를 그리면서 마을을 보존하고 어엿한 관광지로 거듭났다. 강원도 양구 펀치볼의 민통선을 찾았다. 광복 70년이 되었어도 여전히 남과 북이 대치하고 녹슨 철조망에 지뢰밭 경고문이 섬뜩하다. 새들은 무관심한 듯 자유롭게 지저귄다. 서산지역을 돌아보았다. 진도지방도 다녀왔다. 유구한 역사를 지닌 나라로 곳곳에서 문화유산을 만나볼 수 있다. 우리 선조의 슬기로움과 우수성을 새삼 깨닫게 한다.

동피랑 캐리커처

오늘이 일 년 중 실질적으로 가장 춥다는 절기상 소한이다. 동피랑 언덕배기 작은 울타리 동백나무 잔가지에 빨간 동백꽃이 활짝 피었다. 설렘이 묻어나는 신선함에 한겨울 햇살을 보듬으며 서둘러 포근한 봄기운을 재촉하지 싶다. 달동네로 다소 부족하거나 가난해도 절망하지 말라고 위무하지 싶다. 그동안 겨울 추위에 움츠렸던 마음을 털어내고 당당하라고 하지 싶다. 나도 뜬금없이 자화상을 들여다보고 싶다. 어떤 모습에 어떻게 보이려나. 물론 저처럼 자연스럽지는 못할 것이다. 아무래도 살아온 세월이 다르기 때문이기도 하다. 마침 캐리커처를 그리는 사람이 있어 한 장 부탁하였다. 캐리커처는 그래픽 아트에서 주제가 되는 개인이나 전형적인 인물을 소재로 익살, 유머, 풍자의

동피랑의 벽화

효과를 살린 그림으로 16세기말에서 17세기 초 무렵에 이탈리아에서 시작되었다. 대체로 우스꽝스럽게 과장하여 풍자한 표현법으로 그리는 드로잉(연필로 형태를 표현하는 그림)이나 초상화이다. 캐리커처를 그리는 화가는 앞쪽 의자에 자리를 잡자 기다렸다는 듯 화판에 분주한 손놀림으로 아주 짧은 시간에 나를 표현해 놓았다.

그러나 아무리 마음먹고 그리는 캐리커처라도 있는 그대로 찍어내는 사진과는 많이 다르다. 화가는 분명 나를 모델로 삼아 나를 그렸다. 그러나 화가의 개성에 따라 어느 부분에 더 중점을 두었느냐에 따라 달라질 것이다. 이것이 내 얼굴인가 싶도록 내가 나를 보는데 많이 생소하다. 그림 속의 내가 턱없이 못 생겼거나 우스워서가 아니다. 그렇다고 터무니없이 잘 생긴 나를 바라는 것이 아니다. 보고 또 보아도 전혀 내가 아니지 싶은데 옆에서 나를 많이 닮았다고 부추긴다. 아니 영락없는 나라고 못을 박는다. 한 편으로는 처음부터 크게 기대한 것이 아니어서 마음에 들거나 말거나 그런가 싶기도 하다, 그 그림이 나라고 하는데 굳이 내가 아니라고 할 수도 없고 그냥 받아들였다.

언젠가 어느 지인에게 이 그림을 보여주며 누군지 알겠느냐고 하면 선뜻 내가 아니냐고 할지 의문스럽다. 하지만 어쨌든 지금 이 순간만은 나이고 내가 이렇게 생긴 것으로 다시 한 번 들여다보았다. 그런 마음가짐으로 보니 어딘가 세련되어 보이기도 하고 한구석 촌스럽게 보이지만 동피랑을 둘러보며 좋은 기념품이 되었다.

화가는 순간적으로 나를 풍경처럼 보았을 것이다. 사람마다 다른 시각에 해학을 상당부분 곁들여 불과 10여 분만에 만들어낸 나 아닌 나인 것이다. 그래도 돈 몇 푼에 나를 이만큼이라도 깜냥껏 표현해준 그 화가가 대단하게 여겨지며 고맙기도 하다.

때로는 자세히 보려다 오히려 못 보고 놓치는 것이 있다. 마치 너무 숲에 집중하다가 나무를 제대로 못 보고 나무에 지나친 관심을 두다가 숲을 제대로 못 본다는 말과 맥락을 같이하지 싶다. 너무 자주 만나면 그 얼굴이 그 얼굴로 건성건성 지나치거나 선입감으로 어지간하면 아무렇지 않게 여겨 여간해서는 변화된 모습을 느끼지 못한다. 반면에 어쩌다 보거나 처음 볼 때는 오히려 그 모습이 선명하게 들어오면서 더 확실하게 느껴지기도 한다. 이처럼 조금씩은 다르게 비쳐질 수도 있다. 하지만 대개는 공통분모가 있어 겉보기에 궤를 같이하며 그 윤곽은 엇비슷하게 그려진다. 그래 대뜸 누구라거나 누구를 닮았다고도 한다. 이 계통에 전문가인 화가가 업으로 삼고 그린 것이다. 기꺼이 나로 받아들이며 한순간 웃음을 자아내게 하였다.

- 2019. 01. 06. 소한

통영의 동피랑 벽화마을

1.

강구안은 육지로 바다가 들어온 항구를 말한다. 강구안 통영항의 뒷산 기슭에는 통영성이 있었고 동, 서, 북 3곳의 피랑에 포루(鋪樓)가 있었다. 피랑은 이곳 말로 절벽이나 언덕배기 비탈을 의미하는 벼랑이다. 또한 포루는 성가퀴(몸을 숨겨 적을 공격할 수 있도록 성 위에 낮게 덧쌓은 담)를 앞으로 튀어나오게 쌓고 그 위에 지붕을 덮은 부분을 말한다. 따라서 동피랑은 통영성의 세 곳 중 하나인 동쪽벼랑이다. 현재 50여 가구, 80여 세대, 200여 명 주민이 거주하고 있다. 동피랑이라는 말은 여간해서는 듣기 어려운 말이지만 우선 옛 군사시설과는 무관하게 낯설면서도 친근하게 다가와 예쁘게 포장된다. 그렇다고 통영의 동피랑이 처음부터 그렇지는 않았다. 바다와 항구에서 시달리며 일하던 노동자들이 살던 허름한 곳으로 낙후된 곳이다. 그야말로 갈 곳 없는 사람들이 하나 둘 모이고 모여 마을을 이룬 곳이다.

통영시가 도심의 일부로 더 이상은 방치할 수 없어 2007년에 이 마을을 철거하고 동포루를 복원하는 공원화사업을 계획하면서 마을이 통째로 없어질 위기에 처하게 되었다. 하지만 시민단체 등이 동피랑 구하기에 나섰다. 서민의 피와 땀의 애환이 서린 곳으로 우리들의 지난날을 반추해 볼 수 있는 거울과도 같은 곳으로 철거하기에는 아쉬움이 남아 지혜를 짜내며 보존하는 쪽으로 가닥을 잡고 동피랑 색칠하기 전국벽화공모전을 열었다. 마침내 전국 미술대학 학생과 개인이 호응하며 담벼락에 벽화를 그렸다. 어느덧 10년이 흘렀다. 그 동안 투자와 애정이 헛되지 않게 통영에서 첫 손을 꼽아도 좋을 만큼 『동피랑 벽화마을』이란 관광명소로 이름을 올렸다. 마침내 드라마 '빠담빠담' 촬영지가 되었고 전국적으로 유명해지면서 많은 관광객이 찾아들어 동피랑 벽화마을은 바닷가 달동네의 화려한 변신이었다.

동쪽 언덕배기 양지바른 동피랑 마을은 골목길 벽면마다 아기자기한 벽화가 그려져 있다. 마을에서 제일 높은 곳으로 올라가면 '동포루' 누각이 있고 통영 시내가 한눈에 들어온다. 시원한 바람을 잡아놓고 발아래 한려수도의 푸른 바다가 펼쳐지며 빚어내는 통영항의 경관은 한국의 나폴리로 불릴 만큼 손색이 없다. 동피랑의 담벼락은 마음에서 마음으로 젖어드는 벽화마을의 선구자다. 다소 모자란 그림이라도 아이들이 뛰어노는 것 같은 생동감에 바다가 출렁이는 것 같다. 가슴이 시린 사람에게는 따스하게 답답한 사람에게는 막힌 속이 뻥 뚫리듯 시원하게 불어오는 바람 같다. 그만큼 벽화를 그린 층이 다양하고 찾아오는 사람들 또한 다양하다. 자신만이 안고 있는 추억을 꺼내보듯 살짝 얼굴을 붉히기도 한다. 그런 모습에서 때로는 사람이 꽃보다 아름답다는 말이 문득 떠오르며 이런 때 써도 좋지 싶기도 하다.

이처럼 그림 하나하나가 보는 이의 마음에 새봄을 불어넣는다. 무의미하게 허물 수는 없다며 마을을 살리기 위해서 젊은 예술가들이 마을의 골목골목에 벽화를 그리기 시작했다. 일반인들이 참여하면서 벽화마을의 비좁은 골목 사이사이에 그려져 있는 그림과 바다는 묘하게 어울린다. 잘 그려진 그림도 많지만 작은 그림 속에 무엇을 담고 무엇을 말 하고 싶었는지 눈을 크게 뜨고 숨겨진 이야기를 마음에 그려가며 찾아보는 것도 괜찮지 싶다. 마을을 살리고자 하는 지혜와 정성은 2년에 한 번씩 그림을 지우고 새로운 세상을 들여놓는다. 그만큼 싫증나거나 더럽혀지지 않고 새로운 감각으로 산뜻하니 생동감으로 넘친다. 밑바닥 서민이 옹기종기 모여 살던 삶의 현장을 고스란히 기록물처럼 보존하면서 그림으로 새롭게 태어난 것이다. 지난날을 비춰보는 계기가 되어 박장대소하다가 소리 없는 눈물에 젖어들기도 한다.

통영항은 1906년 일본인이 현재의 강구안 일대 해안을 메우면서 근대적인 항만으로 건설된 곳이다. 밤에 가장 아름다운 항구가 여수항이라면 낮에 가장 아름다운 항구는 통영항이라는 자부심을 지니고 있다. 항구는. 푸른 바닷물이 넘실대며 바다가 통째로 흔들리는 느낌이다. 그 위에 고깃배가 어깨를 나란히 하고 줄지어 정박해 있다. 서호시장과 중앙시장, 통영활어시장에 충무김밥 등 지역 유명 먹거리를 즐길 수 있는 곳이다. 항구에서 언덕길로 조금만 올라가면 일상에 지친 저소득층 노동자들의 오랜 삶터였던 동피랑으

동피랑의 벽화

로 곳곳에 기념이 될 만한 소품과 먹거리에 잠시 머물며 쉬어갈 자리도 마련해 놓았다. 무명의 언덕마을에 벽화 그리기로 횃불을 높이 쳐들었다. 초대작가와 전국 공모로 선정된 전문가는 주로 큰 그림을 그렸으며 작은 그림은 많은 비전문가가 참여하여 102점을 그렸어도 서로가 잘 어울린다.

2.

통영의 동피랑은 가파른 언덕에 골목골목이 구불구불 이어지고 엉키며 미로 같아도 나름 질서가 있다. 실타래처럼 풀어지며 어린이에서 어른까지 또한 아마추어에서 프로까지 정성껏 그림을 그렸다. 서로 보완하며 뒷받침하여 마음을 한데 모으고 어우러져 『동피랑 벽화마을』을 이뤄냈다. 사람들의 발길을 끌어당기며 눈길을 모으고 뭉친 가슴을 따스하게 열었다. 즐거운 마음 하나로 한 마음 되게 하고 있다. 이것이 곧 보이지 않는 예술의 힘이다. 꼭 잘 그려야 하는 것은 아니다. 솜씨자랑만이 아닌 하고 싶었던 말과 담아내고 싶었던 진정한 사람이야기다. 잊었던 것을 되살려 짚어보며 들어보고 싶은 것이다. 지난날의 아픔이나 맺혔던 응어리가 세월과 함께 조금이라도 풀린 듯 즐거운 추억으로 거듭나고 있다. 이렇게 지난날을 이야기하고 듣고 공감하며 지우고 털어낸다. 대부분 서민들의 이야기일 수밖에 없다.

어느 하나인들 서민의 촉촉한 피땀이 고스란히 서려있지 않으랴. 보는 이로 하여금 울컥한 동질감을 토해내게 한다. 담벼락이나 벽이 그대로 큼직한 노상 화판으로 엉뚱하면서 촌스러운 그림도 그려놓았다. 대중에는 그동안 못다한 이야기를 그림으로 널어놓아 심금을 울린다. 저 아래는 아름다운 항구와는 달리 그 옆에 시장바닥은 삶의 현장으로 아옹다옹 뒤엉키고 덩달아 차들도 뒤숭숭하다. 갈매기가 하늘을 물결치듯 출렁인다. 소한이란 절기에 걸맞지 않게 쏟아지는 햇살이 마치 봄나들이 나온 것 같다. 아침부터 사람들이 줄을 잇고 끊이지 않는다. 일부지만 동백이 새빨갛게 꽃 피었다. 소박한 꿈을 안은 사람들로 좁은 골목은 서러운 삶과 사랑이 뒤범벅되어 만들어낸 훈훈한 열기로 가득 찼다. 기발하고도 소박하게 내려놓은 욕심에 순수한 그림의 이미지는 더 빛을 발하며 소소한 사람냄새가 풀풀 번져난다.

벽화를 따라 부담 없이 다가서며 친근할 수 있는 묘한 매력을 담고 있다. 나도 모르게 한 발 한 발 내디딜 때마다 해학 같은 즐거움에 미소를 머금게 된다. 굳게 걸었던 겨울의 빗장이 제풀에 사르르 풀리는 마음에 봄볕이 녹아들어 흐르듯 편안함에 줄을 잇고 연신 북적거린다. 하나하나 작은 풀꽃이듯 소품이라도 볼거리로 먼 기억을 불러오고 들추게 한다. 나도 함께 전시된 것 같다. 이런 마음 저 아래 바다는 알고 있겠지, 옹기종기 모여 있는 섬들은 알고 있겠지. 쏟아지는 햇살은 조명처럼 비추고 싶겠지, 지나가는 바람은 이런 곳이 있다고 기자가 보내는 속보처럼 어딘가 전하고 싶겠지, 사람마다 가슴에 곱게 담고 담으며 얼굴이 환히 피었다. 아랫녘 전통시장이 시끌시끌하다면 이곳은 소

동피랑의 벽화

리 없는 아우성으로 눈빛과 마음이 들썩이면서 환희에 젖어 가슴에서 가슴으로 불씨처럼 번져나가고 짜릿함이 출렁거린다.

통영에서 맨 먼저 달이 떠오르는 곳 중에 하나로 서민들의 고단한 이야기가 켜켜이 담겨있는 달동네이다. 달빛과 뒤섞인 애환을 바다를 바라보며 풀어놓는다. 그래도 삶이 곁들여진 바다는 여전히 아름답다. 이처럼 빼어난 경관에 소주보다도 더 진하게 스스로 취하기도 하고 바다보다도 더 짙은 환희와 아픔에 가슴이 철썩거리기도 하였을 것이다. 그 소리를 위안으로 삼으며 한 달이 일 년이 되고 평생을 떠나지 못하여 엉거주춤 뿌리를 내린 사람들이다. 조금 불편하고 고단함이 대수더냐. 통영바닥에 이만한 곳이 어디 있어 그들을 덥석 받아주었겠는가, 이만큼 다리 뻗고 누울 자리가 있어 부러움을 내려놓았을 것이다. 분수를 모르고 남을 턱없이 부러워하는 것도 때로는 넘치는 사치일 수 있다. 주어진 환경에서 숙명처럼 살아가고 내일을 기약하며 바라보는 것이다. 자연을 아끼고 즐기면서 살아온 사람들이다.

3.

통영 『동피랑 벽화마을』은 마음먹기 따라 좁은 골목도 넓게 쓸 수 있다. 여럿이 써도 끄떡없다. 순수한 사람냄새로 온기가 감돌고 정이 있고 서로 아끼고 나누면서 사랑의 꽃이 피어난다. 작은 것도 큰 것에 못지않은 행복으로 나눌 수 있는 것이다. 부족함 속에 보다 넓게 살아가는 방법을 터득한 것이다. 가진 자만이 여유를 즐기는 것이 아니다. 오히려 그들은 체면치레에 제한되고 눈치 보기에 외롭다. 잘나고 못

나고 없이 고만고만한 사람들끼리 자연스럽게 언덕배기에 옹기종기 모여 골목을 사이에 두고 어울리며 살아가는 것이다. 서로 꾸밈없이 드러내놓고 이야기하고 듣고 생각한다. 달빛이 고이고 햇볕이 들어오듯 굳이 말하지 않아도 자연스럽게 보고 듣고 느끼고 있다. 따로 구차스럽게 집안 사정을 변명처럼 늘어놓지 않아도 이미 한 집안 한 식구처럼 일 거수 일 투족을 헤아리며 내 일같이 받아들인다.

이웃사촌이란 말처럼 넉넉하고도 든든한 마음이 함께하고 있는 것이다. 감사하는 마음으로 어지간한 친척보다 가까이 흉허물 없이 살아가는 것이다. 이곳에서는 섣불리 가진 것이 오히려 부끄러울 때가 있다. 티브이에서 보듯 재산싸움으로 치부를 드러내면서 온갖 손가락질을 받고 다툼으로 사생결단하기보다는 차라리 부족하고 없어 자랑스럽고 행복하다. 어우렁더우렁 하늘을 보고 바다를 보고 이웃을 보면서 살아가고 가족과 오순도순 살아간다. 무거운 가슴을 내려놓고 가뿐한 마음에서 당당하게 살아간다. 이웃 일이 내 일이고 기뻐 함께 웃고 눈물 나눠 흘리는 것이다. 더 이상 잃을 것도 없는 사람들이다. 좋은 주택을 소유하는 것만이 전부는 아니다. 거처하며 이용할 수 있으면 된다. 이처럼 생각의 틀을 바꾸면 조금만 배려하고 변화를 줘도 훌륭한 볼거리로 거듭날 수 있음을 단적으로 보여주고 있지 싶다.

초등학생 고사리 손의 서투른 솜씨부터 화가에 이루기까지 수많은 아이디어가 번뜩이며 다양하다. 소박한 사람들의 삶이 기발한 아이디어로 끄떡끄떡 표출되어 있다. 서로 만나고 헤어지고 다시 만나듯 뒤엉킨 것 같기도 하다. 그러면서 낯이 익고 반가움이 교차한다. 그것이 관심이고 관심이 겹치면서 동질감이 생겨난다. 이순신 장군 때 설치

하였다는 통영성의 동피랑 성곽이 어느덧 400여 년 시공을 뛰어넘어 새롭게 뒤바뀌어 다가서고 있다. 군사기지가 아닌 어엿한 서민들의 당당한 삶터로 애환을 달래며 감동을 주고 있다. 서로가 진심에서 위로하며 위로받을 수 있는 이웃이다. 이보다 삶에 더 큰 힘이 될 수 있으랴. 맑고 밝게 쏟아지는 햇살이 한겨울을 녹이고 봄날처럼 가파른 골목길을 밝히면서 사랑으로 출렁거린다. 오고 가는 사람마다 얼굴 가득 웃음꽃이 피어나고 행복으로 향기가 뿜어져 나오고 있다.

그냥 무관심으로 머물러 있거나 평범하게 재개발을 하였으면 지금처럼 수많은 사람들이 즐겨 찾는 관광명소가 되지는 못했을 것이다. 변함없는 음지 중 음지이거나 단순한 현대식 아파트촌으로 몇몇 그들만의 보금자리가 되었을 것이다. 생생한 우리의 과거와 현재가 함께 어우러져 내 자신을 돌아보는 쉼터가 되지는 못했을 것이다. 그런 면에서 일정 부분은 우리들의 생생한 자화상이기도 하다. 조금은 삐딱하게 보고 거꾸로 보고 뒤돌아보고 옆에서 보고 위에서 내려다보고 올려다본다. 그러다 보면 내가 나를 보고 있다. 낯설다가 낯익고 고정관념의 틀에서 벗어나 새롭게 보이는 것이 있다. 순수가 보이기 시작하는 것이다. 뭔가 하나를 빼거나 더하면 그 이상으로 바뀌고 달라지는 것이다. 낯익음도 낯설고 낯설음도 낯익을 수가 있다. 그렇게 하나하나에 시간까지 보듬고 있다. 그런 모습이 벽화에 드러나고 있다.

서둘러 바뀐 것과 바뀌어야 할 것들이 오붓이 함께 들어있어 공감하면서 많은 사람들로부터 사랑받는 이유 중 하나일 것이다. 매일 떠오르는 일출도 한순간 구름에 가리고 일그러지고 간혹 민낯에 생생한 모습을 드러내며 감동을 주기도 한다. 함께 보고 있어도 순간적으로 다른 모습을 찾아내고 볼 수 있어야 한다. 네가 보지 못한 것을 내가 보고, 네가 미처 생각지 못한 것을 내가 생각하며 차별화해야 한다. 있는 그대로에 보태고 빼고 겹치고 가리면서 달라진다. 그래서 같은 듯 다른 것이다. 열심히 채우며 비우고 비우며 채우기를 거듭하면서 성숙해지는 것이다. 백 미터 달리기에서 그 기록 경신은 불과 0.001초이기도 하다. 하지만 아무나 흉내 낼 수 없는 엄청난 차이인 것이다. 동피랑에 접근하는 길은 여러 갈래다. 물론 전체를 다 돌아볼 수도 있고 일부만을 볼 수도 있다. 선택은 각자의 다양한 몫이다.

- 2019. 01. 06. (소한)

을지전망대

강원도 양구의 군사분계선 남쪽 1km 지점『을지전망대』에 올라 북녘 땅을 바라본다. 겉모습은 멀쩡하고 조용하다. 크고 작은 봉우리가 올망졸망 이마를 맞대고 있다. 직선거리 38km라는 금강산 비로봉도 들어온다. 시퍼렇게 우거진 숲에 파란 하늘로 흰 구름이 둥둥 떠가는 한가로움이다.

하지만 그도 잠시, 몰려오는 외로움에 불쑥 무엇인가 튀어나올 것 같은 긴장감이다. 현실은 너무 냉랭하게 70년을 하루같이 겹겹으로 철조망이 가로막고 있다. 애간장을 녹이다가 끝내는 벌겋게 녹이 슬었다. 남방한계선, 군사분계선, 북방한계선이 선명하고 군데군데 초소와 수없이 매설되었을 지뢰밭 어딘가에 숨어들어 눈을 부라리고 있을 눈초리에 섬뜩하다. 1953년 이후 군사분계선으로부터 남북 2km씩 뒷걸음질 친 지점에 남 · 북방한계선을 설정하면서 그 안쪽이 곧 DMZ로 출입을 통제하였다. 그러나 실제로는 1km씩 바짝 다가섰고 심지어는 780여m밖에 되지 않는 곳도 있다. 한달음에 달려가고 달려올 수 있는 근거리로 잠시도 한눈팔 수 없다.

6.25 한국전쟁 66주년이다. 참전했던 용사들의 삶이 저물어가는 짧지 않은 세월이었다. 풍비박산에 절망의 늪에서 쌓이고 맺힌 한이 그리 쉽게 아물고 용서되면서 눈감을 수 있었으랴. 겉보기에는 아무렇지 않은 우리의 산천이다. 그러나 저 속에는 찢기고 찢겨 너덜너덜해진 아픔의 애증이 곳곳에 고스란히 서려있다. 그래도 하루같이 평화를 갈망하면서 마음을 닦고 씻으며 가꾸어 저만큼이나마 지금의 모습으로 간직하였다.

전쟁의 포화에 초토화가 되었고 70년 세월이 외관상으로는 아무렇지 않은 듯 유유히 흘러갔지만 쉽게 지울 수 없는 상처까지 끌안기에는 역부족이었다. 겉모습은 저리 평화스러워도 그 속의 찢어진 아픔은 여전히 실의에 잠겨 눈을 감지 못하고 있을 것이다. 발길이 멎은 지 70년이다. 그동안 산천은 억울하다고 하소연 할 곳조차 없었다. 그래도 아무렇지 않은 듯 멀쩡하게 꾸미며 화장한 듯 아름답게 내보인다. 못 믿을 것은 사람이니 사람의 손길이나 발길보다는 본래의 자연에게 그대로 맡겨두라 하지 싶다.

잠시 생각의 방향을 틀어보면 사람의 발길이 자연에게 얼마나 잔인한가를 느끼게 한다. 그간 개발이라는 달콤한 속삭임에 무차별하게 훼손되었을 텐데, 오갈 수 없는 단절된 땅으로 저렇게 일어서다니 새삼 놀랍다. 그 아픈 속내를 쉽게 드러내거나 표현하지 못하고 쓰다듬으며 안으로만 삭이고 있을 터다. 차라리 더 이상은 건드리지 말라고 외치고 싶은지도 모른다. 그렇게 달래듯이 역사라는 이름으로 묻어가고 있는지도 모른다.

지금 저 바람과 구름과 새들은 자유롭다. 비록 길을 잃은 새라도 간섭을 할 수 없다. 그들에게는 비무장지대 같은 것은 크게 장애가 될 수 없다. 서로 화해하고 소통하며 손에 손이라도 잡고 오가라고 하는가보다. 사랑을 노래하며 남과 북은 같은 한반도로 하나라고 속삭이다 외치고 있는지도 모른다. 좀은 어색하게 들리는 것 같기도 하고 때로는 감미롭게 들리는 것도 같고 울근불근하며 야릇하기도 하다. DMZ(비무장지대) 바깥 남방한계선을 경계로 남쪽 5~20㎞에 민간인출입통제선(민통선)이 설정되었다.

그러나 어쩌랴. 너무 늦고 늦었지만, 여기서 멈추고 앞날이라도 새롭게 꾸며가야 한다. 막연한 꿈이 아닌 실현가능한 현실로 펼쳐져야 한다. 저질러진 일은 어쩔 수 없으니 반성하고 고쳐야지. 우리의 강산임에 옥토로 만들어서 남과 북이 평화로운 나날이 되기를 바란다. 북방한계선에 선녀폭포가 보인다. 한 때는 여인들이 목욕하는 모습으로 병사들의 마음을 흔들었다. 이에 우리의 초소가 있는 가칠봉에서는 미스코리아 수영복심사로 심리전에 맞불을 놓기도 하였단다. 아무래도 남쪽의 해안분지가 아늑하다.

북한은 이곳 펀치볼까지 제4땅굴을 파고 내려왔다가 들통 났다. 겉만 허울 좋게 평화의 위장막을 치고 있으니 몸서리치는 섬뜩함에 최전방의 냉랭함을 느끼게 한다. 그런데 아이러니하게도 치열한 전투에 포탄이 빗발치며 신음소리가 끊이지 않았던 펀치볼이 양구지방의 8

경 중 2경으로 뽑혔다. 이로써 예사스럽지 않은 자연의 아름다움이 검증되고 입증된 셈이다. 제한된 시간에 여전히 가시지 않는 갈증을 품은 채 돌아섰다.

- 2016. 06. 25. (6.25 한국전쟁 66주년)

을지전망대의 새

물이 세월을 돌리고 바위를 깎으며 바람이 하늘을 닦고 세월을 휘감았다. 어디를 둘러본들 푸른 숲이 아니랴. 어디를 흘러간들 청정수가 아니랴. 어디서 들이마신들 맑은 공기가 아니랴. 양구에 오면 십년이 젊어진다고 한다. 험난한 세상을 살아가면서 허황되고 부질없는 욕심은 닦고 털고 내려놓고 버리면서 무소유의 산천초목이 푸르게 일어섰다. 자작나무, 다래넝쿨, 개암나무, 야생뽕나무, 칡넝쿨까지 하나같이 자유분방한 푸름이다. 휴전선에서 발원하여 흐르는 맑은 냇물에 맑은 소리가 들어있다. 푸른 숲을 흔드는 푸른 바람이다. 물은 계곡을 촬촬촬 흐르고 숲을 너울너울 생명을 다독거리며 희귀종 열목어를 기른다. 끊임없이 물은 흘러 계곡을 만들고 숲을 만든다.

휘휘 돌고 돌아 강원도 양구의 가칠산 능선 1049m 고지의 을지전망대에 오른다. 몇몇 초소에서 머뭇거리다 오르는 버스도 힘겨워한다. 소나무를 볼 수 없는 우거진 잡목 속 희끗희끗 자작나무다. 군데군데 역삼각형 〈지뢰〉라는 빨간 경고문에 철렁해진다. 비무장지대를 사이에 두고 70년을 숨 가쁘게 마주보았다. 그날이 그날로 가만히 있으면 다시 얼마나 더 많은 날을 기다림으로 앞세워야 하는가. 멀고도 먼 비무장지대 장벽이여! 한 세대가 가고 또 가고 이제는 말조차 알아들을 수 없게 바뀌고 있으니 이를 어쩌란 말이냐. 남과 북이 손을 맞잡고 함께 국제무대에 나서도 녹녹치 않은데 이렇게 대립하고 있으면 어쩌란 말이냐. 분명한 것은 전쟁은 아직 끝나지 않았다.

북녘하늘 일그러져 붉어진 눈시울
끄억끄억 울부짖는 새야
끝내 감추고 싶은 사연 축축이 젖는 아픔

남녘하늘 벙글벙글 싱그러운 눈빛
재잘재잘 홍얼대는 새야
끝내 펼치고 싶은 사연 축축이 젖는 기쁨

여기 봐 저기 봐봐 음산하고 융성한 기운
남과 북으로 어언 흘러간 70년이
달라도 너무나 다르잖아

녹 슬은 철조망 갈가리 찢겨 흐느낀 가슴
통곡으로 끝날 수 없음을
눈치가 빤한 너만은 알고 있겠지.

- 을지전망대의 새

자연은 시기도 질투도 없이 오로지 제 몫만 챙기는데 인간은 지나친 욕심에 안간힘이다. 하기야 새들에게 그들만의 나라가 따로 있었던가. 그러니 국경이나 휴전선, 비무장지대 같은 것이 있을 리 없다. 아무리 인간들이 지뢰를 묻고 겹겹이 철조망을 둘러친다 한들 무용지물에 지나지 않는다. 남과 북, 적과 흑의 구분이 무의미해 푸른 하늘을 만끽하면서 날면 된다. 보금자리는 새끼를 길러내기 위한 일시적 영역일 뿐, 언제든 좋은 먹잇감을 찾아 대자연 속을 날면 된다. 떠나면 그뿐으로 돌아오지 않아도 괜찮다. 한 조각 깃털이 그리움일 수 없다. 아무리 출입통제구역이라고 붉은 팻말을 세워놓고 가로막아도 새들에게는 강제할 수 없는 삶의 터전인 무한 자유다.

새들도 지금쯤은 비록 말은 못하지만 눈치로 알고 있을 것이다. 저희들로서는 지금이 더 안전하여 낫다고 여길지도 모른다. 아무나 들어갈 수 없는 비무장지대를 간섭받지 않고 자유롭게 넘나들 수 있다. 구름도 바람도 마찬가지다. 마치 자연의 특권 같다. 훨훨 나는 새는 희망의 끈만은 놓지 말라고 순교자 역할을 자처하고 있는지 모른다. 하지만 한 번 흘러간 지난날은 더듬어볼 뿐 되돌릴 수 없기에 안타까움을 넘어 원망스럽고 한탄스러울 따름이다. 을지전망대에서 길을 잃은 철새가 울고 있다. 아니, 새가 아닌 내가 길을 잃고 눈길을 둘 수 없어 방황하고 있는 것이다. 자연은 거짓이 없는데 사람은 눈치 보느라 늘 조바심에 일을 만들어 왜곡하고 있는 것이다.

- 2016. 06. 25. (6.25 한국전쟁 66주년)

제4땅굴

제4땅굴

제4땅굴로 가는 길목의 펀치볼이다. 펀치볼은 해안분지다. 당초 뱀이 너무 많아 주민들이 못 살겠다 아우성쳤는데, 한 승려가 돼지를 키워보라고 하였다. 돼지를 키우며 평안한 마을이 되었고 해안(亥安)이라 하였다. 펀치볼은 양구군 해안면의 소재지지만 '펀치볼'로 더 잘 알려져 있다. 6.25 한국전쟁 때 격전지의 하나로 미국 종군기자가 가칠봉에서 내려다본 모습이 마치 화채그릇(Punch Bowl)처럼 생겼다고 붙여진 이름이라고 한다. 400~500m 고지의 분지에는 강원도지방의 특산물인 감자와 더덕의 고랭지채소밭에 인삼밭이나 포도밭과 사과밭도 생겨나고 있다. 이는 온난화에 따른 고온현상으로 재배 환경이 북상하고 있음을 보여주고 있다.

6.25 한국전쟁이 휴전협정으로 서해안 임진강하구에서 동해안 강원도 고성까지 동서 248㎞에 군사분계선을 긋고, 이 선을 기준으로 남북으로 각 2km씩 남·북방한계선을 설정하면서 남한과 북한의 중간지역이 비무장지대다. 1974년 연천의 제1땅굴, 1975년 포천의 제2땅굴에 이어 제3땅굴은 1978년에 판문점 남방 4km 지점에서 발견되었다. 서울까지 불과 52km로 승용차로 한 시간 거리도 안 되는 인근이라는데 엄청난 충격적이었다. 이곳 펀치볼 모서리 제4땅굴은 제3땅굴이 발견된 지 12년 만인 1990년 3월 3일에 양구 동북쪽 26㎞ 지점 비무장지대 안에서 발견되었다. 군사분계선에서 1.2km 남방한계선 내에 있으니 그만큼 침투를 한 것이다.

그 규모는 높이와 폭이 각각 1.7m에 깊이가 145m이며 총 길이는 2,052m나 된다. 북한이 이토록 땅굴에 집착한 것은 무엇일까? 기습공격을 위한 무력침략용 땅굴로 제5, 제6 땅굴이 존재하는지도 모른다. 제4땅굴 입구 왼쪽에는 땅굴소탕작전에 투입되었다가 북한군의 수중지뢰를 밟고 폭발하여 1개 분대원의 생명을 구한 '충견 헌트'를 위로하는 충견의 묘, 동상이 세워져 있어 비록 말을 못하는 짐승이지만 뭉클하게 하였다. 충견 헌트(Hunt)는 독일산 세퍼드 군견으로 4살에 산화하였다. 전투에 참여한 군견으로 사람의 생명을 구한 혁혁한 공로를 인정받아 최초로 '소위'라는 장교계급이 추서되었으며 명예로운 인헌무공훈장까지 받았다.

인헌무공훈장은 전투에 참가하여 부여된 임무범위 이상의 능력을 발휘하고 인정받은 유공자에게 수여하는 태극장, 을지장, 충무장, 화랑장, 인헌장의 5등급에 속한 대한민국의 무공훈장으로 인헌(仁憲)은 강감찬 장군의 시호다. 병사는 혹독한 채찍과 핍박을 받아가며 땀이 아닌 눈물과 핏물을 찍어 땅굴을 팠을 것이다. 그러나 허황된 꿈은 미처 빛을 보지도 못하고 발각되어, 천하에 그 서슬 퍼런 야망은 헛된 짓이었음이 드러나고 말았다. 하필이면 두더지도 힘들 땅굴이라니. 땅굴이 한낱 전쟁놀이용 땅굴이 아니라 남과 북이 평화롭게 오갈 수 있는 자유의 땅굴이었다면 그 얼마나 좋았을까. 하지만 한낱 환상일 뿐인데서 더 오싹한 분노가 들끓었다.

여기저기서 북한의 음흉하고도 악랄한 눈초리가 자꾸 스멀스멀 지워지지 않고 한여름 같은 무더운 날에도 음습한 물기가 소름으로 돋아 흘렀다. 땅굴 기술을 산업전선에 투자하였으면 주민의 배를 곯게 하지는 않았을 텐데. 땅굴은 그때 그 현장을 되새기며 점점 잊혀가고 희미해지는 안보불감증에 경종을 울리면서 되새김질하고 안보의 교육장으로 거듭났다. 안보는 되돌릴 수 없고 연습일 수 없음을 새삼 통감하며 굳게 다짐하고 있다. 땅굴 내부에서는 15인승 전동차가 100m 거리를 운행한다. 외길로 전동차가 회전을 할 수 없어 뒷걸음으로 되돌아온다. 북한이 깔아놓은 조잡스런 레일이 있는데 우리와는 비교되지 않아 그 수준을 엿볼 수 있었다.

- 2016. 06. 25. (6.25 한국전쟁 66주년)

만원권 지폐에 담긴 문화유산

2007년 새로 발행된 만원권 지폐에는 세종대왕의 어진이 들어있다. 5천원권에는 성리학자 율곡 이이의 초상화가 그려져 있으며, 천원권에는 같은 성리학자로 율곡과 쌍벽을 이루는 퇴계 이황이 실려있다. 2009년에 최고 고액권으로 처음 발행된 5만원권에는 여성으로는 유일하게 신사임당의 초상화가 담겨있다. 특히 신사임당과 율곡 이이는 어머니와 아들 사이로 후세에 자랑스러운 인물로 나란히 평가받았으므로 가문의 크나큰 영광이라 할 것이다.

만원권 지폐를 중심으로 살펴본다. 전면에 세종대왕의 어진(초상화)이 있다. 어진 좌측에 소나무가 있으며 폭포가 있고, 국내의 유명한 산을 상징하는 산봉우리 5개가 있다. 빨갛고 하얀 둥근 모양이 해와 달로 '오봉일월도'인데 '일월오봉도'라고도 한다. 이것은 용상이나 어진의 뒤편에 장식하며 임금님을 상징하기도 한다. 상단에는 "뿌리 깊은 나무는 바람에 흔들리지 않고, 샘이 깊은 물은 가뭄에 마르지 아니 한다."는 '용비어천가' 2장의 구절이 적혀있다. '용비어천가'는 세종 때 정인지 등이 왕명으로 지은, 해동 육룡이 하늘로 올라갔다는 뜻의 악장이다. 조선창업을 중국고사에 비유하여 찬송한 것이며 훈민정음으로 쓴 최초의 작품이다.

일월오봉도

뒤편 왼쪽에 지구본처럼 생긴 것이 '혼천의'로 천체의 운행과 그 위치를 측정하던 천문관측기다. 세종 때 장영실이 처음 제작하였으나 분실되고, 현종 때 '송이영이' 제작한 '혼천시계'이다. 하루 1번씩 회전하여 계절과 시간의 변화를 알 수 있다. 그림에는 없으나 앙부일구(해시계) 자격루(물시계) 측우기(강우량측정)도 있다. 중앙에는 1,464개의 별자리 지도인 '천상열차분야지도'에서 그림을 통해 해와 달 그리고 5행성(화성, 수성, 목성, 금성, 토성)의 움직임을 알 수 있고, 그 위치에 따라 절기를 구분할 수도 있다.

1861년 철종 때 '고산자 김정호'가 우리나라 최초의 육상지도인 '대동여지도' 목판본을 만들었다면 이보다 훨씬 앞질러 1395년에 '천상열차분야지도'라는 최초의 하늘지도가 만들어진 셈이다. '천상열차분야지도'는 고구려의 천문도를 바탕으로 직육면체의 돌에 새긴 별자리 지도로, 충남 서산 출신인 류방택이 새긴 최초

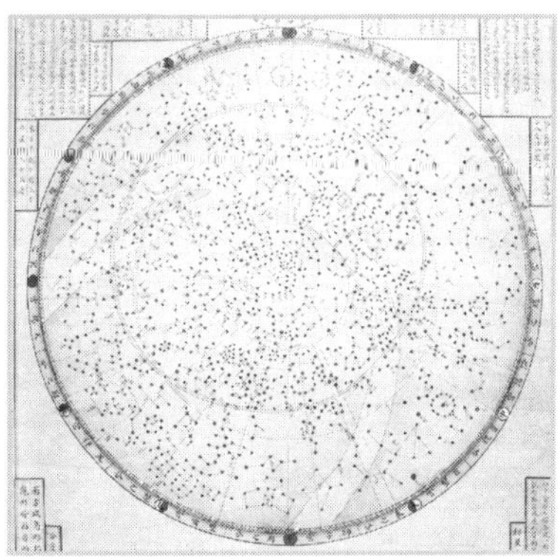

천상열차분야지도

의 천문도이다. 이처럼 우리나라는 고구려시대의 천문도와 통일신라시대의 첨성대 그리고 조선시대의 천상열차분야지도에서 보듯이 그 어느 나라 못지않게 일찍이 천문에 관심이 많았음을 알 수 있다.

또한 만원권 화폐의 뒷면 오른쪽에 있는 그림은 경북 영천시 보현산에 있는, 반사식 '광학천체망원경'이다. 지름이 1.8미터로 수억 광년이나 떨어진 우주의 깊고 깊은 곳까지도 들여다볼 수가 있다. 수천 년 전에서 수백 년 전까지 우리의 선조들이 육안으로 보면서 추측하였던 하늘의 운행을 이제는 과학자들이 망원경으로 정밀하게 들여다보고 관찰하면서 연구하고 있다.

이처럼 단순한 만원권 지폐인 것 같지만, 앞면에서 훈민정음을 창제한 임금으로서의 세종대왕을 보여주고 있다면, 뒷면은 과학군주로서의 면모를 드러내고 있다. 용비어천가는 보물 제1463호, 천상열차분야지도는 국보 제228호, 장영실이 만든 혼천의의 분실로 200년이나 뒤늦게 송이영이 만든 혼천시계는 국보 제230호로 지정을 받았으며 국보 제228호인 천문도 천상열차분야지도를 만든 류방택은 충남 서산시 인지면 출신으로 고향에는 '류방택 천문기상과학관'이 세워졌다. 영상관에서 20분쯤 의자에 편안하게 누워 동심으로 돌아가 천상의 수많은 별들과 함께 하늘을 날면서 여행할 수 있다.

우리나라는 오랜 역사에 국토가 빼어나 전국 곳곳에 자랑스러운 문화유산이 많다. 현재 유형문화재인 국보가 320여 점, 보물이 2,000여 점, 사적지가 540여 곳, 명승 113여 곳, 노거수나 희귀종인 새 같은 천연기념물이 553점 있으며 그 밖에도 무형문화재, 중요문화재, 지방문화재 등으로 분류하여 보호관리 되고 있다. 그 중에 우리의 일상과 가장 밀접하여 지갑 속에 소중하게 간직하고 다니며 수시로 사용하는 지폐인 만원권에서도 우리의 문화유산을 접할 수 있다. 비록 실물은 아니지만 그림으로 담겨져 있으므로 살펴보면서 우리의 역사를 되새겨 보는 것도 의미가 있는 일이라고 할 것이다.

만원 지폐의 앞뒷면

- 2018. 11. 03.

안견의 몽유도원도

안견은 충남 서산시 지곡면 출신의 조선조 화가이다. 지곡면의 야트막한 산자락에 안견기념관이 있다. 조선의 4대 화가라면 세종 때의 안견과 김홍도, 정선, 장승업을 손꼽는다. 안견은 도화원(기록화 등을 작성하고 관리하는 관청)의 화원(그림 그리는 일을 맡아보는 잡직)이다. 안견은 신라의 솔거와 고려의 이녕과 함께 우리나라 회회사상 3대가로 손꼽히는 화성이다. 조선의 4대 명필가라면 세종 때의 안평대군과 김구, 양사언, 한석봉을 손꼽는다.

안평대군은 세종의 셋째 아들이자 수양대군의 동생이다. 어느 날

안견의 『몽유도원도』 - 일본 텐리대학 중앙도서관 소장

안평대군은 예사롭지 않은 꿈을 꾼다. 복숭아 꽃이 활짝 핀 별천지가 머릿속을 맴돌며 좀처럼 떠나지 않는다. 며칠을 두고 꿈인지 생시인지 혼란스럽기도 했을 것이다. 부듯하면서 행복하던 마음이 고민이 되기도 했을 것이다.

안평대군은 수소문하여 기록화를 잘 그린다는 화원인 안견을 불러 꿈의 세계를 세세하게 털어놓으면서 어떻게 그림으로 그려보라고 하였을 것이다. 꿈을 그림으로 그린다는 것이 말처럼 쉽지 않다. 그러나 꿈 이야기를 진지하게 받아들인 안견은 꿈을 재해석하면서 마치 신들린 듯 본인의 꿈을 그리듯이 화필을 내둘러 불과 3일 만에 정교하고 선연하게 그려냈을 것이다.

그림을 본 안평대군은 말문을 열지 못하고 무릎을 탁 쳤을 것이다. 꿈에 본 세계보다 더 이상향이고 미처 꺼내지 못한 이야기까지 곁들여졌을 것이다. 이처럼 몽유도원도는 세종 때 최고의 명필가인 안평대군과 최고의 화가인 안견의 마음이 하나로 조합된 작품이기도 하다. 이렇게 당대 아니 조선을 통 털어 최고의 걸작으로 평가 받는 몽유도원도가 빛을 보게 되었다.

그림의 왼쪽은 정면에서 본 현실을 묘사하고 오른쪽으로 들어가며 무릉도원을 높은 곳에서 내려다본 조감도법으로 처리하여 넓게 펼쳐진 도원을 강조한 몽환적인 분위기다. 조선조에서 가장 빼어난 걸작으로 평가를 받으면서도 우리 것을 우리나라가 아닌 일본의 천리대학 중앙도서관에서 소장하고 있으며 더 나아가 우리의 국보가 아닌 일본의 국보로 지정되어 있다.

안견은 특히 산수화에 뛰어났으며 몽유도원도를 비롯해 많은 그림을 그렸다. 그러나 화원으로서는 파격적인 정4품까지 벼슬이 올랐지만 대체적으로 그림 자체를 예술적인 가치로 높게 평가하는 사회적 분위기가 아니었다. 따라서 아쉽게도 기록이 남아있지 않아 사시팔경도, 적벽도, 소상팔경도 같은 뛰어난 작품도 화풍으로 안견의 작품이라 추정할 뿐 확정을 짓지 못하고 있다.

- 2018. 11. 03.

서산의 해미읍성

서산 해미읍성

서해바닷물은 서산시 해미면까지 거침없이 드나들었다. 인근을 해미(海美)라고 부를 만큼 풍광이 아름다웠다. 최근에 AB지구에 방조제가 생기면서 뱃길이 끊기고 자연스럽게 내륙이 되었다. 태종 때 해안지방에 출몰하는 왜구를 막아내기 위하여 해미읍성을 쌓고 충청병영을 옮겨와 병마절도사를 두었다. 이순신도 군관으로 근무하였다. 읍성은 지방의 관청과 사람들이 사는 곳을 둘러쌓은 성을 말한다. 평소에는 행정중심지이고 비상시에는 방어기지이다. 고창읍성, 낙안읍성과 함께 조선시대 대표적인 읍성으로 손꼽히는데, 해미읍성은 동문인 잠양루, 서문인 지성루, 남문인 진남문의 3문이 있는데, 진남문이 정문으로 원형이 보존되고 있으며 동문과 서

문은 복원되었다.

러시아가 청나라의 톈진조약으로 연해주지방을 차지하였다. 두만강을 사이에 두고 조선과 국경을 맞대게 되자 통상을 요구하여 위기의식을 느끼게 되었다. 대원군은 한불조약을 체결하여 나폴레옹 3세의 위력을 이용하여 러시아의 남하정책을 막아보려 하였으나, 영불연합군이 북경함락 이후 양인살육에 청나라는 천주교를 탄압했다.

대원군은 처음에는 천주교에 대하여 묵시적이었으며 궁내에도 교인이 많이 있었다. 그러나 서양세력의 침략적 접근에 따른 국가적 위기의식과 정치적 반대세력의 비난에서 벗어나 정권을 계속 유지하기 위한 수단에 박해로 돌아섰다. 급기야 대원군은 쇄국양이와 사교금압의 정책으로 전환하여 천주교 탄압에 박해령을 선포하였다.

박해가 치열해지자 피신하여 있던 신부 '리델'은 조선을 탈출하여 청나라의 톈진으로 가서 프랑스 동양함대사령관 '로즈'에게 구원을 요청하게 되었다. 1866년 로즈는 7척의 군함을 이끌고 프랑스 선교사들의 학살 책임을 묻는 무력시위를 벌이게 되면서 병인양요가 발생하였다.

이 병인양요로 말미암아 박해는 2단계에 접어들었다. '오페르트'는 수차에 걸쳐 통상요구를 하다 1868년 4월에 이곳 해미 뒤편 가야산자락의 남연군묘의 도굴을 시도하였으나 미수로 끝났다. 대원군은 크게 분노하였고 이곳 내포지방을 중심으로 대량 학살이 벌어졌다.

1871년에 미국과 신미양요로 다시 박해가 가중되었으며 1873년 대원군이 실각하고 병인박해가 마무리되었다. 결국 '병인박해'는 1866

년 봄에 시작되어 1871년까지 6년 동안 계속 되었으며 네 번에 거쳐 8,000여 명의 천주교 순교자를 내었으며 이곳 해미읍성에서만 1,000여 명의 순교자가 생겨났다. 대원군이 정권유지를 위하여 전무후무할 쇄국정책으로 서양인을 배척하는 무자비한 종교탄압이 벌어졌다. 애꿎게 힘없는 양민들의 희생이었다.

무심하다고 할 만큼 150여 년이 흘러갔지만 아직껏 그 때의 온갖 고문에 아비규환의 처참함을 외면할 수 없어 증언이라도 하려는 듯, 300년을 넘은 회화나무(호야나무)는 외과수술까지 받고 읍성의 한가운데에 초췌한 모습으로 서있다. 철사줄을 매고 머리를 묶어서 매달았다고도 한다. 태형으로 죽음을 당한 자리개돌이 그대로 있다. 옥사가 복원되어 있다. 천주교 신자까지 국사범으로 몰아세워 이곳에 투옥하고 중형을 받았다. 피비린내가 진동하였던 생생한 현장이기도 하다. 2014년 교황이 한국을 방문하였다. 국내뿐만 아니라 세계인의 이목이 집중되며, 교황이 직접 읍성을 돌아보았다. 읍성은 그들의 종교적 신념과 넋을 기리는 천주교인의 성지순례지가 되었다.

- 2018. 11. 03.

백제의 미소 마애삼존불

충남 서산시 운산면 가야산 자락의 용현계곡을 따라 가다가 왼쪽으로 꺾어 개울을 건너 조금은 가파르고 외진 길을 따라 200미터쯤 올라가면 거대한 층암절벽에 여래입상을 중심으로 오른쪽에는 보살입상, 왼쪽에는 반가사유상이 조각되어 있는 삼존불이 있다. 아무리 둘러보아도 돌이 웃고 있다. 아니 부처님이 웃고 있다. 언제부터인가 나도 모르게 따라 웃고 있다. 꼭 계곡을 쩌렁쩌렁 울리는 큰 웃음만이 세상을 호령하는 것은 아니다. 소리 없는 아우성이라 하듯이 들릴 듯 들리지 않는 아주 엷은 미소가 뭇 사람의 마음을 사로잡고 놓아주지를 않는다. 이보다 더 크나큰 매력에 강하게 당기는 힘이 있으랴 싶다. 오랜 기간 불교의 문화권에 있었던 우리나라는 유명 사찰이 많이 있고 굳이 사찰이 아니라도 곳곳에 숱하게 많은 부처님이 있다. 그 중에 천년이 넘는 역사를 지니고 삼존이 함께 있는 것이 다소 독특하며 조각된 솜씨가 돋보이기도 하겠지만 그보다는 아무래도 그 근원을 알 듯 알 수 없는 잔잔한 미소에서 그 진가가 아주 높이 평가되고 있다.

1959년 4월 부여박물관 '홍사준' 관장과 미술사학자 '황수영' 박사 등이 용현계곡 위쪽에 '보원사지'를 조사하고 내려오다 우연히 만난 나무꾼의 이야기를 듣고 확인하면서 마애삼존불의 존재가 세상에 알려졌다. 천년을 넘게 은둔하였다 드러낸 모습은 세월의 부피만큼 온갖 풍화작용에 시달리면서 상당 부분 마모되었지만 그 아름다움만은 여전하였다. 특히 순박한 미소가 백미로 '백제의 미소'라는 애칭까지 얻게 되었다. 절벽은 더 이상은 그냥 돌덩이가 아닌 암벽의 중앙에 현재의 본존불을 비롯하여 오른쪽의 과거의 보살입상과 왼쪽의 미래의 반가상의 부처님 세 분이 눈과 입을 통하여 만면에 머금은 미소는 흔한 미소가 아니라 거부할 수 없는 당당함을 지니고 있었다. 봄볕에 꽁꽁 얼었던 땅이 자연스럽게 풀리듯이 부처님의 자비로운 미소로 일상에 지쳐 무표정하게 일그러진 속세의 마음을 어루만져 편안함에 위로를 받듯 자연스럽게 따라 웃지 않을 수 없는 묘한 매력의 미소다. 고증을 거듭하여 불과 3년 후인 1962년에 국보 제84호로 지정받았다.

처음 만나도 부처님이 웃는다
나를 보고 너를 보고
천진난만 자비로운 미소다

비스듬히 또는 바르게
빛 따라 마음 따라
순간순간 달리 보이는 미소다

과거 현재 미래 세 분 부처님
천 년을 하루같이

돌벽에 피우는 웃음꽃이다

잔잔한 미소에도 말씀이 있고
가르침이 묻어나는
웃음 바이러스다

- 백제의 미소

무엇보다 놀라운 것은 햇살이나 조명의 밝기에 따라 또한 보는 지점이나 각도 등에 따라서 사뭇 다른 모습을 보였다. 천진스러우면서 잔잔한 미소는 꾸밈없는 자연스러움이 물씬 묻어났다. 이것이 그대로 백제 사람들의 소박함을 간직한 웃음으로 백제의 미소이기도 하다. 이렇게 순진무구하면서 여유롭게 표현된 미소를 찾기가 쉽지 않다. 그냥 웃음이 아니다. 종이에 그린 그림이 아닌 그 단단한 돌에 자유자재로 새겨진 미소이며 당시 백제인의 순수함이 담겨져 있기 때문이다. 더구나 빛이 비추는 방향에 따라 웃는 모습이 달라지게 한 것은 백제인의 괄목할 만한 솜씨라 할 것이다. 계곡에서 200여 미터쯤 올라갈 때는 그것이 그것이겠지, 갈까 말까 망설이며 다소 힘들게 올라가도 마애삼존불의 미소를 만나면 단숨에 마음이 풀어지고 발길이 돌아서지 않는다. 천년으로 부족해 앞으로 다시 천년을 웃어도 부족할 텐데 웃음이 멎기를 기다릴 수는 없고 인자하고 천진스러움에 취해 뒤돌아보고 또 돌아보다 절로 미소를 머금고 가뿐한 마음으로 내려오게 된다.

이 삼존불은 6세기 말이나 7세기 초에 만들어진 걸작이다. 특히 이 일대는 당나라 사람들이 태안반도로 들어와서 백제의 수도인 부여로 오가는 지름길로 안녕을 기원하는 불교문화재가 많은 곳이다. 이 마애여래삼존불도 당시의 활발했던 당나라와 문화교류로 만들어졌을 것으로 보고 있다. 이처럼 이곳 용현계곡의 보원사지도 무관하지 않아 100개의 암자에 스님이 천 명이 넘는 대사찰이었다. 하지만 세월이 무상할 만큼 지금은 법인국사보승탑, 법인국사보승탑비, 오층석탑, 석조, 당간지주 등 몇몇 석조물만 덩그러니 남아 보물로 지정되었을 뿐 목조는 흔적도 없이 사라져 허허로우면서 쓸쓸하기 그지없다. 인근 해안은 당나라 사람들이 드나들던 포구로 당진이란 새로운 지명까지 생겨났으며 지금은 당진시로 번창하였다. 특히 이 일대 충남의 서북부 지역의 태안, 서산, 홍성, 예산, 당진과 보령, 아산의 일부를 통틀어서 생활권이 같아 내포지역이라고 한다. 충남도청까지 대전에서 내포권으로 옮겨 왔으며, 민심 또한 천년 백제의 미소만큼이나 훈훈하다.

- 2018. 11. 03.

보배로운 섬 진도

진도지방에 1박2일 일정으로 떠난다. 아직도 아침저녁은 날씨가 쌀쌀한 편이다. 봄이 언제쯤이나 오려나, 목을 길게 빼고 남녘을 바라보았는데 그새 알게 모르게 꽃이 피고 지며 4월 중순에 접어들었으니 달력을 들여다보면 벌써 봄이 절반은 가고 있는 셈이다. 시내는 이미 꽃이 많이 졌지만 오늘 남쪽으로 떠나도 가는 길목마다 꽃들이 기다리고 있어 꽃길을 함께 갈 것으로 기대해 본다. 진도는 보배 진(珍), 섬 도(島)에서 보듯 보배로운 섬으로 얼마만큼이나 보배로운지 살짝 엿보기로 한다.

인도네시아는 섬이 15,000개로 세계에서 가장 많고, 두 번째는 필리핀이 7,100개이며, 세 번째는 6,800개의 일본이다. 우리나라는 3,348개로 네 번째로 많은 나라이다. 그러나 유인도는 472개에 불과하고 나머지는 무인도이다. 세계에서 가장 큰 섬은 '덴마크령 그린란드'이고, 남태평양의 '뉴기니'는 두 번째이고 '보르네오'가 세 번째이다. 우리나라에서 가장 큰 제주도는 세계에서 200등에도 들지 못한다. 두 번째가 거제도이고 진도가 세 번째로 3,348개 중 3등이라니 우리나라에서는 아주 큰 섬이다.

진도는 목포에서 대불공단, 해남의 화원반도를 거쳐 가는데 불과 500여 미터도 안 되는 좁은 해협으로 우리나라에서 조류의 흐름이 가장 빨라 물살이 회오리치는 곳으로. 평소에도 와랑와랑 울부짖는 소리가 들린다고 울돌목이고 명량이라 할 만큼 여느 바다와 다른 특성을 지니고 있는 곳이다. 이충무공이 비록 군대나 장비는 왜군에 열세지만 자연적 지형을 이용한 전술과 구국의 정신에서 한 수 앞섰던 것이다. 이를 모르고 왜군은 얕잡아보며 성급하게 불나비처럼 달려들었다가 화를 자초한 것이다.

섬나라 일본이 임진년에 대륙에 대한 야망으로 침략하였으나 소강상태에 머물다가 5년 후인 정유년에 다시 침략하여 서남해로 기세당당하게 진격하였다. 이에 원균이 맞서 싸우다 대패하여 겨우 12척의 배가 남은 것을 충무공 이순신 장군이 수습하여 "싸움에 있어 죽고자 하면 오히려 살고, 살고자 하면 도리어 죽을 것이다."는 정신으로 왜선 133척을 무찌르며 대승을 거두었다. 이를 우리는 이충무공의 4대 대첩 중에 하나인 명량해전이라고 부르며 세계 해전사에 그 유례가 없는 전투로 기록되고 있다.

이제는 험한 물결이 몰아치는 바닷길이 아닌 연륙교인 사장교를 편안하게 자동차로 건너면 진도다. 『진도(珍島)』하면, 아무래도 맨 먼저 진돗개가 떠오른다. 함경남도 지금은 양강도 풍산의 풍산개와 우수성이 비견되며, '경주개 동경이'와, '경산의 삽살개'와 함께 천연기념물로 지정되어 보호를 받고 있다. 또한 강원도 정선과 경상도 밀양 등과 같이 수많은 민요 중에 진도아리랑이 떠오른다. 진도아리랑은 서리서리 절절하게 맺힌 한을 거침없이 씻어 내리는 소리로 구슬프면서도 시원하게 풀어낸다.

고려 말에 조정이 힘을 잃고 무신정권이 들어섰다. 최충헌에서 아들 최우에게 넘어가면서 세상은 뒤숭숭하여 도둑이 들끓자 야경을 돌던 야별초를 좌별초와 우별초로 나누었으며, 몽고군에 포로로 잡혔다가 도망쳐 나온 사람들로 편성된 신의군을 합쳐 삼별초라고 하였다. 왕실이 몽고에 굴복하자 항몽운동에 앞장을 섰다. 강화도를 근거지로 삼았다가 진도로 옮겨 용장산성과 남도석성 등을 쌓고 저항하였으나 여몽연합군과의 전투에서 지도자 '배중손'이 전사하고 탐라로 옮겨갔으나 최후를 맞았다.

진도는 서화예술이 발달한 곳이다. 조선후기에 진도출신 '소치 허련'은 충청도 예산 출신으로 당대에 최고였던 '추사 김정희'에게 서화수업을 받으면서 남종화의 대가로 성장했다. 말년에 고향으로 내려와 집을 짓고 당호를 '운림산방'이라고 하였다. 이는 첨찰산을 지붕으로 삼고 사방으로 수많은 봉우리가 어우러져 있는 깊은 산골에, 아침저녁으로 피어오르는 안개가 구름숲을 이룬다고 붙인 이름이다. 아들 '미산 허형' 손자 '남농 허건'으로 부족해 5대로 이어지며 한국 남종화의 성지가

운림산방

되었다.

진도의 고군면 회동리와 의신면 모도리 사이에서 조수간만의 차이로 수심이 낮아질 때 길이 2.8㎞, 폭 10~40m의 바닷길이 해마다 서너 차례 드러난다. 이런 괴이한 현상을 1975년에 주한 프랑스 대사인 '피에르 랑디'가 진돗개에 관심이 많아 진도에 들렀다가 목격하고 본국에 보고해 언론에 보도되면서 '한국판 모세의 기적'으로 불리었다. '신비의 바닷길'이라고도 하는데 2000년 3월 14일에 명승 제9호로 지정되었다. 여기에다 뽕할머니의 전설까지 전해지면서 인기 있는 관광지가 되고 있다.

뽕할머니와 진돗개 석상

바다에는 해산물이 풍부하고 땅이 비옥하여 농작물이 넉넉하다. 사람 사는 세상 애환을 달래고 돋우다 보면 자연스럽게 술을 찾게 된다. 이에 진도지방 특유의 홍주가 빚어지고 그 비법이 전해져 왔다. 보리에서 지금은 쌀로 만들어지는 막걸리에 지초(芝草)를 증류과정에서 가미하여 40도가 넘는 백주를 홍주로 탈바꿈한 것으로 400년 동안 애주가의 사랑을 듬뿍 받아왔다. 하지만 주민이 한 때 12만 명에 이르렀으나 채 3만도 안 되는 것을 보면 농촌은 농촌이고 어촌은 어촌으로 잡아둘 수 없나 보다.

2014년 4월 16일 안산의 단원고 학생에 일반인까지 476명이 인천항에서 세월호를 타고 제주도로 가다가 이곳 진도의 부속 섬인 조도

인근에서 침몰되어 304명의 희생자가 생겨났다. 5년이 지났어도 그 원인을 속 시원하게 밝히지 못하여 가슴 아프게 한다. 그래서 애를 끓고 국민적 분노를 자아내게 하며 추모객이 몰려들었던 팽목항(진도항)이 있는 곳이다. 저 앞바다는 아무렇지 않게 출렁거린다. 참으로 무심하고 한산하여 을씨년스럽기만 하다. 모두를 한순간에 삼키고 모른 척 하니 섬뜩하다.

아리랑~ 아리랑~ 아라리요. 보릿고개에는 하루가 그렇게 길다고만 하였는데 오늘의 하루는 너무도 짧게 지나가는구나. 대전에서는 이미 끝물인 줄 알았던 벚꽃이 며칠 늦춘 듯 한참 폭죽을 터트리며 환영일색이다. 벚꽃이 발길 닿는 곳마다 가지런히 늘어서 조용히 손을 흔들고 그로도 부족하여 산자락마다 반반은 됨직하게 수를 놓아 봄을 밝히고 진도를 밝히고 길손의 마음을 밝히고 있다. 언제 이렇게 많은 준비를 하였는지 감탄을 자아내며 이제 벚꽃하면 이곳 진도를 떠올려봐도 괜찮지 싶다.

삼별초의 용장산성이며 이충무공벽파진전첩비에서 숙연해지고 신비의 바닷길까지 어우러진 자연에 3대를 넘어 5대로 가고 있는 그림 같은 운림산방의 풍경이며, 장전미술관은 서예의 산실이었으며 아리랑으로 예술의 혼이 타오르고 있다. 어찌 그뿐 이드냐, 맛깔스런 음식에 술 몇 잔이면 홍주보다 더 붉게 마음 타들고 붉어지니 아니 좋던가. 한도 많고 홍도 많다만 씻김굿에 묵은 때를 훌훌 털어내고 내려놓아 가벼워진 마음으로 일어선다. 한 번으로 부족하면 주말마다 열리는 민요 한마당도 있다.

진도개

개들도 지능이 있어 반복해 가르치고 훈련하면 저처럼 묘기를 부리는구나. 아무려면 사람이 개만도 못하겠는가. 뭉클뭉클 가슴에 와 닿는 것이 없으랴. 여기에 홍을 더 돋우는 것은 진돗개의 400미터 내달리기 경주다. 1, 2, 3, 4, 5번 다섯 마리가 선수로 나섰다. 푸짐한 상품도 걸렸다. 오늘은 4번이다. 달려라, 힘껏 내달려라. 목청껏 소리쳐본다. 몸만 아닌 마음도 뛰고 상품이 뛴다. 하늘이 뛰고 바다가 뛰고 진도가 뛰면서 네가 뛰고 내가 뛰고 오늘 하루가 뛴다. 스트레스가 멀리멀리 달아나버렸다.

이처럼 진도는 예로부터 삼별초의 목적이 어떠했든 몽고로부터 나라를 구하고자 하였으며, 임진왜란과 정유재란을 맞아 이충무공을 비롯해 왜군으로부터 나라를 지켜내는 등 나라사랑 구국의 정신이 깃들어 있는 곳이다. 그런가 하면 가정에서, 사회에서, 나라까지 덕지덕지 들어붙은 크고 작은 수없는 한(恨)의 응어리는 진도아리랑이며 씻김굿 한마당으로 위안을 삼는다. 그림이며 서예에 민요까지 예술이 생활화된 곳으로 그 어느 고을 못지않으니 보배로운 섬이라 하여도 손색이 없지 싶었다.

- 2019. 04. 13. ~ 04. 14.

서울
부산
목포
목포
진도
대교
우수영국민관광지
전망대
군대방조제도로
(차량통행가능)
군내호
(백조도래지)
18
전두마을
10
벽파진전첩비
용장산성
11
북산
철마산
양덕도
(발가락섬)
주지도
(손가락섬)
진도군청
진 도 군
쌍계사
첨찰산
왕온의묘
803
운림산방
지력산
18
가계
해수욕장
803
5
광석초등교
세방낙조전망대
전망대
남진미술관
8
의동초등교
회동마을
진도마린빌리지
금호도
구암사
여귀산
모도
백동무궁화
동산
진도연륙교
신비의 바닷길
금갑
해수욕장
팽목선착장
탑공원
서망해수욕장
남도석성

진도 지도

제4부 시간은 돌아보지 않는다

거제 앞 바다에서

물은 한 번 흘러가면 그뿐이다. 세월 또한 지나가면 다시 돌아오지 않는다. 다만 추억이라는 이름으로 흔적을 남길 뿐이다. 돌아보기 위한 것이 아니다. 하루하루 열심히 살아가는 것이다. 어제가 있고 내일도 있지만 지금이 중요하다. 열심히 살다보면 그것이 쌓이고 쌓여 일생이 된다. 따라서 후회할 일을 만드는 것이 아니라 최선을 다하여도 부족함에 아쉬움이 남아야 한다. 그 아쉬움을 해소하기 위해 내일이 기다려지며 여유를 갖고 즐거움에 행복을 함께 누릴 수가 있어야 한다. 그만한 노력의 대가이기도 하다.

시간은 돌아보지 않는다

시간은 어느 날 문득 자신을 돌아보지 않는다. 나무도 풀도 날짐승이나 산짐승도 아닌 오직 만류의 영장이라는 사람만이 슬그머니 뒤를 돌아본다. 대개의 경우는 답답하다거나 할 일 없어 시간이 남아돌아서다, 그것도 혈기왕성하여 소위 잘 나갈 때는 아무렇지 않다가 나이 먹고 건강이 좋지 않거나 일이 풀리지 않고 꼬이거나 생활이 녹록치 않을 때 비로소 시간을 뒤돌아보면서 회한에 빠져들어 탓을 늘어놓기도 한다. 그렇다고 그 시간을 되돌릴 수 있는 것은 아니다.

시간은 이미 멀리 흘러갔기에 기껏해야 발이나 동동거려 볼 뿐이다. 사람마다 느낌이 다르게 다가서기에 어찌 보면 후회와 반성이기도 하고 분풀이 하는 것 같기도 하다. 때로는 그래도 잘 살아왔다고 자화자찬하기도 하고 되돌릴 수 있으면 다시는 그런 일은 없을 거라고 호언장담하기도 한다. 그러면 무엇 하랴. 가버린 시간을 거울삼아 남아있는 시간이나 후회 없게 할 일이다.

그러나 그게 어디 마음 같은가. 하얗게 뒤덮인 눈길을 맨 처음 걸어갈 때는 다소 긴장하여 마음 똑바로 먹고 앞만 보고 멋있게 걸어보겠노라고 하다가 되돌아보면 실망이 몰려든다. 아니, 저게 누구 발자국이야. 마음과 달리 정도의 차이는 있지만 삐뚤빼뚤한 것이다. 이처럼 짧은 거리를 아주 단단히 마음먹었어도 그런데 삶이라는 것이 어디 한가하게 하나하나 자로 재듯이 하는 것도 아니니 제멋대로 일수밖에 없을 것이다.

그래도 정도를 크게 벗어나지 않았음에 그나마 긍지를 지닐 수 있다. 삶은 예측하고 예정된 수순대로 걸어갈 수 있는 발걸음이 아니다. 이리 부딪치고 저리 시달리면서 끊임없이 흘러가는 시간과 더불어 살아가고 있다. 너무 무심하지 싶은 시간이다. 굳이 내가 나서지 않아도 누군가 기록하는 것처럼 훗날 나는 까마득히 잊고 있어도 성적표처럼 고스란히 들추어내기도 한다. 물론 그 기록이 염려스러워 거기에 맞춰 가지는 않는다.

인생은 마라톤과 같다는 말을 곧잘 한다. 폼을 잡고 달리다 어느 한 지점에서 잠시 돌아보면 달려온 길이 비쳐지듯 삶도 큰 틀에서 모습이 드러난다. 잘잘못의 굴곡이 이어지면서 앞서거니 뒤서거니 가고 있다.

낮말은 새가 듣고 밤 말은 쥐가 듣는다고 한다. 어딘가에 발자취가 남아있다. 느지막이 그 발자취를 찾아보려고 한다. 때로는 그것이 개인의 작은 일상사이기도 하고 크게는 수백수천 년의 역사일 수도 있다. 물론 시간이 흐를수록 자꾸 걸러내어 세세한 것은 버려지고 앙금 중에 앙금만이 남을 수밖에 없다. 굳이 거기까지는 아니라고 하더라도 자신의 일생은 자신이 챙겨보면서 용서하고 함께 참회의 시간을 갖기도 한다. 제 멋에 취하고 자기합리화에 취하여 조용히 되돌아볼 시간조차 갖지 못하면서 그냥 적당하게 얼버무리는 경우도 허다하다. 양심이라고는 티끌만큼도 없다고 한다. 끝내 얻은 것이 무엇이냐고 비아냥 손가락질만 남는다.

한 번 지나가면 그뿐으로 아등바등 부질없는 짓이었다고 한다. 이 세상 잠시 소풍을 오고, 마실 나왔다가 돌아간다고 하여 공감을 사기도 하였다. 하기야 지난날에 발목을 잡혀 허우적거리다 앞으로 나아가지 못하면 안 된다.

시간은 뒤돌아보지 않지만 잘한 것은 잘한 것대로 못한 것은 못한 것대로 털고 추스르며 멋을 줄도 쉴 줄도 모르는 시간 속에 꺼지지 않는 희망을 갖고 오늘도 내딛는다. 그렇다고 시간에 매달려 가는 것은 아니다. 어쨌거나 살아있는 동안 희망의 줄마저 놓쳐버리면 앞이 캄캄해진다. 양면성이 있지만 악착스럽다고 한다. 악착스러워야할 때 악착스러워야지, 왜 저러지 싶으면 엉뚱한 구설수에서 벗어나기 힘들다.

흘러가는 물은 뒤돌아보지 않는다. 시위를 떠난 화살은 뒤돌아오지 않는다. 날아가는 새는 뒤를 돌아볼 수 없다. 한 번 지나간 시간은 다시 돌아오지 않는다. 좋든 싫든 가면 거스르거나 다시 되돌릴 수 없다. 부모님도 돌아가면 다시 만날 수 없다. 후회해도 소용없다. 기회도 한 번 놓치면 어쩔 수 없다. 자주 있는 일도 아니고 왔을 때 잡아야 한다.

지난 날, 지난 일에 연연해야 얻을 것이 없다. 해본들 아무 가치가 없다. 지나온 길에 미련을 담아본들 달라지는 것은 없다. 세월은 오로지 앞만 보고 갈 뿐 뒷걸음치지 않는다. 과거는 과거일 뿐이다. 앞으로 내디딜 뿐이다. 따라서 적당히 타협이란 있을 수 없다. 현실에 충실해야 한다.

- 2016. 04. 16.

지는 단풍을 보며

가을이 깊어가면서 단풍잎이 우수수 낙엽으로 신분이 바뀌어 마구 짓밟힌다. 더 이상은 단풍이 아닌 한낱 낙엽이고 쓰레기에 지나지 않는다. 조금 전 단풍과는 땅과 하늘 차이이다. 죽음이고 버림이다. 이승과 저승이다. 질겅질겅 밟고 다녀도 아무렇지 않은 존재다. 완전한 추락이다. 그마저도 부족하여 서둘러 나무를 매정하게 흔들어 대거나 땅바닥에 닿자마자 쓸어 부대에 담아버린다. 미화원에게는 아주 귀찮은 존재로 전락해버렸다. 선망과 감탄의 눈초리로 바라보았는데 낙엽이 되는 순간에 마음이 싹 돌아서버렸다. 못 볼 것을 본 것처럼 언짢아하기도 한다. 그나마 아직 온기가 남아있는 것은 어쩌다가 카펫 같은 분위기로 잠시잠깐 반전되기도 한다.

발밑에서 바스락바스락 귀를 간지럽히듯 좋다. 가을에는 낙엽 밟는 즐거움도 있는데 시내에서는 그런 여유조차 아까워하는 것 같다. 너무 얄팍한 마음에 메말랐지 싶다. 며칠쯤은 곁에 두어도 좋으련만 너무 서두른다. 그런 무차별한 굴욕의 낌새를 눈치라도 챈 것일까. 나무

끝에 대롱대롱 매달려서 안간힘에 발버둥을 친다. 보기에도 안쓰러우면서 얼마나 견뎌낼까 궁금해진다. 단풍몰이라도 하듯이 굳세게 불어대는 바람이 야속하다. 하기야 저 단풍만이 그러하랴. 우리 삶의 세계라고 그러하지 않으랴. 입에 침이 마르다가도 하루아침에 침을 뱉고 돌팔매질을 하는 것이 어디 한두 번이던가. 달면 삼키고 쓰면 뱉듯 너무 이해관계가 앞서감에 씁쓸해진다.

가을의 절정으로 선망의 눈길을 모았던 단풍이다
찬란했던 아픔이 우수수 떨어지는 순간
한낱 낙엽의 신분으로 바뀌어
무참히 짓밟히며 거들떠보지도 않는다.
쓰레기일 뿐 고운 이름은 없다
부대에 마구 구겨져 서둘러 떠나는 숨 막힘
단풍에게 낙엽은 하늘이고 땅으로
천국과 지옥이다
나뭇가지 끝에 대롱대롱 끝까지 안간힘 발버둥에
자꾸만 끄집어 내리려 마구 흔들어 대는
바람의 심술이 밉다
오늘의 순수한 민심이 거기 있는데.

- 단풍과 낙엽

왜 서둘러 가을을 보내고 지우려 하는가. 왜 좀 더 느긋하지를 못하는가. 왜 그리 여유가 없어 쫓기듯 살아가는가. 조금 있으면 가지 말라고 잡아도 가고 치우지 말라고 해도 치울 텐데, 못 볼 것을 본 듯 쌀쌀맞은가. 떨어진 단풍잎에서 채 온기도 가시지 않았는데 낙엽이라고 금세 돌변할 수 있는 매정함은 어디에서 오는가. 일상에서 그처럼 옳고 그름에 그런 잣대를 들이댈 수 있으면 사리가 분명한 사람이라고 칭송받을 만하다. 단풍철 가을비는 킬러와 같다. 물을 머금고 힘없이 쏟아진다. 정말 바닥이 지저분하기 짝이 없다. 미끄러워 자칫 넘어질 수도 있어 조심스럽다. 하지만 뽀송한 날에는 그런 걱정보다는 오히려 걸음걸음 수를 놓은 듯싶다.

화려했던 무대의 뒤편은 참으로 허전할 수밖에 없다. 불 꺼진 네온은 더 어둡고 두려움까지 엄습한다. 막강했던 권력에서 밀려나면 더욱 비참해진다. 자칫 백수건달이 되고 만다. 그 누구의 동정도 살 수 없어 참담하다. 마주침도 껄끄러워서 우선 피하고 싶을 것이다. 낮이 지나가고 밤에 들면 어둠이 얼마나 깊고 깊은지 가늠하기 어려워진다. 무슨 일이 벌어지고 무슨 음모가 꾸며지는지 상상조차 할 수 없을 때도 있다. 어둠의 힘이다. 삶이 아주 화려한 단풍잎이었을수록 더 처량한 낙엽으로 떨어질 수도 있다. 언제까지 고운 단풍잎으로만 남아 있을 수는 없다. 차라리 수수한 단풍이었으면 그렇게 수많은 사람들의 눈길을 끌어당기지는 않았을 것이다.

- 2016. 11. 22.

궁금하니까 관심이다

문득 이것저것 괜스레 궁금하다. 그냥 막연히 궁금하다. 잘 아는 사람은 물론 처음 보는 사람이라 낯이 설어도 그렇다. 심리가 내 일은 묻어두고 남의 일은 들추어내고 싶어 한다. 뭔가 관심이 있기 때문에 궁금하다.

앞집에 이사를 왔다.

뭐하는 사람일까. 그래도 뭔가 궁금함이 있기에 관심이 모아지는 것이지 관심이 없으면 하등에 궁금할 일이 없다.

때로는 좋아하는 것은 물론 미움조차 관심이다. 관심이 없으면 미워할 일도 없다. 티브이를 보면서 인기 연예인에 대한 내용이 보도되면 미주알고주알 무슨 일인가 순간 귀를 기울인다. 대중적인 인기를 타고 그만큼 궁금함이 곁들여 진다. 사사로운 가정사까지 관심을 가지고 안주거리로 삼으려 한다.

대개는 나와 직접적인 관계가 없으면 굳이 귀를 기울일 일도 없지 싶은데 호기심이라는 것이 있다. 길을 가다 어느 한 지점에서 들여다보지 말라는 글귀와 함께 통제하며 마대 같은 것으로 덮여있으면 괜히 궁금해진다. 슬쩍 들여다보고 싶은 충동을 느끼기도 한다. 나중에 밝혀진 것은 도로 바닥에 약간의 균열이 생겨서 그런 것이다. 아마 그냥 내버려두었으면 무심코 지나쳤을 일이다. 오히려 관심을 이끌며 궁금증을 불러오게 하였다. 궁금하니까, 관심이 있으니까 전화도 해본다. 잘 지내는지, 무슨 일은 없는지 물어보고 확인을 한다. 그래야 궁금증이 풀린다. 궁금함은 점점 그 폭을 넓혀 의문이나 의심까지도 불러오게 되면서 확인을 하고 싶어진다.

조금이라도 관심을 가져보라고 한다. 관심을 가지고 궁금증을 풀어보라고 한다. 살아가면서 궁금함이 많다. 아무런 관심이 없어 조용히 묻히는 것처럼 처절한 모습도 없을 것이다. 그래서 튀려고 돌발적인 행동도 한다. 특히 연예인 같은 인기인은 관심 밖으로 밀려나지 않으려고 안간힘을 쓴다. 관심에서 벗어나면 더 이상 버틸 동력을 상실하고 만다. 그래서 내성적이니 활동적이니 한다. 적극적으로 관심을 끌며 궁금증을 갖게 한다. 무료할 때 생각해 본다. 무엇이 궁금한가. 무엇이 관심이 있는가. 그러다 보면 퍼뜩 떠오르는 것이 있다. 아, 깜빡 잊고 있었구나. 관심을 풀어가다 보면 궁금함이 풀리지 싶다 서로 뒤엉켜 새로운 단계로 접어들기도 한다.

이야깃거릴 몰고 다니는 사람이 있다. 화제의 주인공으로 신비스러운 사람이다. 관심의 대상에서 우뚝 서있지 싶다. 남들과는 차별화된 어딘가 매력을 듬뿍 지녔든지, 너무 모자라 서툴든지 특별함에 틀림이 없지 싶다.

긴 겨울잠을 벗어나 프로야구개막전이 시작되었다. 어느 팀이 이길까. 점수는 어떻고 어떤 선수가 득점할까. 홈런은? 흥미진진함에 궁금한 관심사다. 봄이라도 오듯 하나하나 관심에 싱숭생숭해진 열렬한 팬도 있을 것이다. 어느 한 편으로는 궁금증을 가진다는 것은 삶의 활력소가 될 수도 있다. 관심을 가지고 풀어나가려 나름 열심히 움직일 것이다. 풀리면서 또 생겨나는 궁금증이다. 오늘을 풀고 나면 저만큼 뚜벅뚜벅 내일이 다가오고 있다.

- 2016. 04. 02.

낡은 새집

냇가를 거닐다 작은 나뭇가지에 매달린 새집을 보았다. 숱한 사람이 오가도 몰랐다가 낙엽이 지고 덩그러니 드러났다. 앙큼스러운 것인지, 사람 무서운 줄 모르는 것인지, 사람 온기가 그리웠는지 의아스럽다. 새집은 주먹만 한데 위쪽이 비스듬히 통째로 열려있다. 아주 작은 새가 살았을 초라한 집이다. 비록 낡을 대로 낡았지만 그래도 새집이라 부른다. 어쩌면 등잔 밑이 어둡듯 가까운 곳이 더 안전할 수도 있다. 사람은 한 번 집을 지으면 수십 년을 직접 살던지 사고팔게 된다. 새들은 새집이라도 대부분 일회용으로 한 번 새끼를 기르면 날아가고 다시 찾지 않는 빈 둥지가 된다. 버려져 비바람에 시달리다 허물어진다.

비록 허물어져 가는 새집이지만 그 앙증스러운 모습에서 마치 새를 보는 것처럼 반갑기만 하다. 잠시 발길을 멈추고 들여다본다. 저 비좁아 보이는 곳에서 많게는 다섯, 여섯 마리의 새끼를 길러냈을 것이다. 암컷은 알을 낳아 품었고 수컷은 열심히 먹이를 물고 보금자리로 드나들었을 것이다. 평화롭게 펄럭이는 나뭇잎 속에도 행여 누가 보면 해코지할세라 주위의 눈길을 피해 가슴을 조여가면서 살았을 것이다. 때로는 즐거움에, 때로는 너무 지쳐 기진맥진하고, 때로는 무한정 먹이를 물고 오기만을 기다리는 새끼들이 안쓰러우면서 때로는 수난을 겪으며 한탄의 울부짖음도 있었으리라. 그래도 새가 노래를 한다고 했다.

새집은 하나의 가정이지만 오랜 거주 개념보다는 알을 낳고 새끼를 기르기 위한 일시적 공간으로서 산실 역할을 하게 된다. 대부분의 새집은 새끼가 크면 날아가고 새끼만 가는 것이 아니라 어미도 그 집을 떠나간다. 따라서 사람이 사는 주택처럼 견고하게 지을 필요가 없다. 일정기간만 잘 버텨주면 된다. 비바람을 피하고 새끼를 키우는 동안 적자생존을 위한 외부로부터 보호를 받을 수 있는 위장술을 지닐 수 있으면 된다. 간혹 재활용되는 새집으로는 까치집이 있다. 인가 근처에 머물며 텃새로 살아가는 까치는 사랑의 보금자리로 나뭇가지나 철사토막 같은 보다 견고한 것을 물어다 몇 년을 견딜 만큼 튼튼하게 짓는다.

요즘은 농촌에 가면 빈집이 많다. 여기저기 허물어지고 거미줄에 쓰레기로 뒤덮여 잡초까지 제멋대로 자라서 엉망이다. 얼마 전까지만 해도 사람들이 살았을 텐데도 온기가 식어버린 폐가로 음산하고 불안하다. 낡은 새집에서 묻어나던 정감은 고사하고 오싹하게 한다. 그나마 홀로 빈집을 지키는 나무가 계절에 저항하지 않고 순리대로 꽃을 피운다. 나무에게 무슨 잘못이 있으랴. 하지만 나도 모르게 슬그머니 고개를 돌린다. 이제 봄이라고 여기서 수군 저기서 수군거리며 초목도 사람도 분주하게 활기를 찾아간다. 다시 새싹이 움터 오르고 숲이 우거지면 겨우내 어디에서 살았는지 새가 찾아와서 새집을 짓고 새끼를 길러낼 것이다.

새집은 사람들의 집과 달리 대부분 한 번 이용하는 거처로 폐가가 된다. 그래도 봄이면 열심히 집부터 마련하며 신혼살림을 차려야 알을 낳고 새끼를 기를 수 있다. 그래서 더 바쁘다. 새들은 사람이 무서우면서도 사람의 체취를 맡으며 두런거리는 이야기소리에 솔깃 하는 것일까. 길가에서 팔을 뻗으면 닿을만한 거리를 안전지대로 삼아 새집을 짓고 즐겁게 노래를 부르는 것처럼 여겨진다. 그런가 하면 요즘 젊은 사람은 아무리 좋은 집이 있어도 가정보다는 내 몸 하나 돌보기에 더 분주하지 싶다. 결혼은 하면 좋지만 안 해도 괜찮다는 사고가 늘어나며 신생아가 줄어들 수밖에 없어 새로운 사회적 걱정거리가 되고 있다.

- 2016. 04. 05.

약속과 실종된 진심

우리는 살아가면서 좋든 싫든 크고 작은 수많은 약속을 한다. 크게는 법도 하나의 약속일 수 있다. 약속은 하는 것이 중요한 것이 아니라 지키는 것이 중요하다. 지금은 신용사회로 무엇보다도 신뢰가 중요시된다. 똑같은 일도 나에게는 보다 너그러운 잣대가 적용되기를 바라고 남에게는 보다 엄격한 잣대를 들이대려 한다. 그러다 보면 특혜 논란이 불거지고 결국은 불신을 하게 된다. 약속은 똑같아 누구나 공평하여야 한다. 나는 아주 어렵사리 약속을 지키는데 비하여 남은 보다 쉽사리 지키는 것처럼 여겨지면서 자기에게 일방적으로 불리한 약속이라고 생각하기도 한다. 굳이 약속을 자기희생으로 본다면 그만큼 제한을 받는 셈이다.

운동경기에서의 기록은 깨지기 위해 존재한다면 약속은 지키기 위해 존재한다. 그런데 마치 기록은 지키기 위해 있는 것이고 약속은 깨뜨리기 위해 존재하는 것처럼 종종 거꾸로 생각하는 데에서 문제가 생긴다. 저만큼 목표물이 보여도 가지 않으면 소용이 없다. 아무리 좋은 일도 하지 않으면 소용이 없다. 약속을 해놓고 지키지 않으면 아무 소용이 없다. 고무줄처럼 임의로 늘어났다 줄었다 편의대로 고쳐지면 아니 된다. 약속은 크든 작든 약속으로서 반드시 지켜야 한다. 아무리 좋은 취지의 약속도 지키지 않으면 무용지물이다. 잘 지키려는 사람을 오히려 바보로 만들 수는 없다. 지킬 만한 약속이었는지 처음부터 신중해야 한다.

그런데 본의 아니게 약속을 어기는 경우가 있다. 시간을 맞추지 못할 때가 있다. 어쨌든 약속시간이 어긋났음에 틀림이 없다. 좀은 당혹스럽다. 미안한 마음에 조마조마 하는데 너무 몰아붙이면 오히려 반감이 생긴다. 시간에 맞추기 위해 평소보다 서둘러 길을 나섰다. 그러나 생각지 못한 교통체증으로 도로가 꽉 막혔다. 그래도 제 시간에는 갈 수 있겠지 하며 연신 마음을 조이는데 거침없이 시간은 흘러, 왜 안 오느냐는 전화다. 곧 도착할 거라고 쉽게 대답은 했지만 결국 빗나가 난감해졌다. 한참 지난 후에 허겁지겁 도착했다. 진심을 알아줬으면 하면서도 미안한 마음에 얼굴이 붉어졌다. 하지만 좌중은 그렇지가 않은 느낌이었다.

뜻하지 않은 거짓말쟁이가 된 것 같아 억울하지만 어쩔 수 없는 일이다. 최선을 다 했는데 그게 아니란다. 믿어 주지를 않는다. 시간이 흘러가면 내 마음 이해할 날 있을지 몰라도 지금은 그냥 실없는 사람일 뿐이다. 할 수 있으면 속이라도 확 뒤집어보였으면 좋겠다고 한다. 얼마나 답답하면 그럴까? 가끔은 진심을 진심으로 받아들이지 못하고 추궁당할 때 난감함을 넘어 좌절과 함께 새로운 앙금이 생겨나며 앙갚음으로 변질될 수도 있게 된다. 사람은 감정의 동물이라고 한다.

감정을 못 이기고 통제 불능이 되면 엉뚱한 방향으로 폭발하기도 한다. 이판사판이라는 말이 있지 않은가? 급기야 너는 얼마나 잘 하는지 두고 보자고 한다.

한 번 믿음을 상실하여 눈 밖에 나면 아무리 진심을 보여도 선뜻 믿으려 않는다. 농간의 꿍꿍이가 있는 것은 아닌지 색안경에 의심부터 앞세우게 되어 신뢰를 되찾기 쉽지 않아 그만한 대가를 치러야 한다. 그런가 하면 약속만큼은 틀림없는 사람인데 어쩌다 그런 실수를 하였는지 재고하는 마음도 있다. 뭔가 잘못 되었거나 피치 못할 사정이 있었는지도 몰라서 풀리지 않는 의구심에 고개를 연신 갸웃갸웃 아쉬워한다. 약속을 헌 신발짝 버리듯 하여 신용을 잃어 제 시간에 나타나도 이상하고, 안 와도 그런 사람으로, 있어도 그만 없어도 그만인 사람 취급을 받으면 좋을 리가 없다. 진심이 무너져 불신을 받으면 자존심마저 뭉개진다.

- 2016. 04. 22.

길은 끝나지 않았다

산길을 오른다. 땀에 흠뻑 젖어 부르튼 발로 저린 다리를 이끌고 오르고 또 오른다. 미처 이곳저곳 두루 살필 틈도 없이 그냥 앞만 보고 부지런히 올랐다. 앞사람보다 너무 뒤처질세라 이를 악물고 정상에 올랐다. 마침내 해냈다는 통쾌감에 젖어 그간 힘겨움은 거짓처럼 싹 가시고 뿌듯해진다. 몇 번이고 포기하며 주저앉고 싶었던 마음이 쑥스러워진다. 오르기를 잘했다는 마음을 앞세우면서 자랑스럽기까지 하다. 하지만 그것도 잠깐일 뿐이다. 어렵사리 오른 정상을 미련 없이 돌아서 다시 내려가야 한다. 마냥 그곳에만 머물러 있을 수는 없다. 아직 가야 할 길이 멀다. 다시 봉우리를 넘나들며 하산이라는 절차가 남아있다.

힐끔힐끔 여기저기 둘러보는 여유까지 부리지만 지친 몸으로 시간에 쫓기기도 한다. 내려오는 길이라고 결코 간단하지는 않다. 비탈에서 몸이 앞으로 쏠리는 발길에 오르기보다 여간 신경이 쓰이는 것이 아니다. 가파른 길에 미끄러지거나 넘어질지도 몰라 더 험하게 느껴지기도 한다. 절로 다리에 온몸의 힘을 싣고 조심조심 발걸음이 매끄럽지 않을 수도 있다. 멋모르고 그냥 안간힘만을 쓰던 오름길과 또 다른 현상이다. 결코 얕잡아볼 일이 아니다. 내려올 때 더 많은 안전사고가 발생하기도 한다. 잠시의 방심에서 돌에 차이거나 나무뿌리에 걸려들어 중심을 잃고 넘어지거나 관절에 이상이 오고 다리가 삐꺽거리기 일쑤다.

삶도 이와 마찬가지지 싶다. 젊어서는 이것저것 가리지 않고 나름대로 자신감이 넘치기도 하고 들떠서 열심히 일하며 살아왔다. 그러다가 어느 시점에 정점이랄 절정기를 맞아 자신도 모르게 반환점을 돌고 있다. 점점 뭔가 허탈감도 오고 무기력함도 나타나지만 지난날에 잠겨 탄식하거나 탓만 하고 있을 수는 없다. 그럴수록 마무리를 잘하여야 한다. 끊고 맺는 맵시가 확실해야 한다. 뒷모습이 아름다워야 한다고도 한다. 힘겨운 길이 있으면 수월한 길도 있으므로 휴식을 취하면서 가기도 한다. 높은 봉우리에 오름이 있는가 하면 그만큼 내림도 있다. 크고 작은 봉우리를 수없이 오르내리며 산행은 지루하게 이어지기도 한다.

아직은 가야 할 길이 멀다. 삶도 수없는 애환을 겪으면서 살아왔다. 때로는 좌절하다가 오뚝이처럼 발딱 일어서기를 반복하면서 경륜을 쌓아왔다. 크고 작은 산봉우리를 수없이 오르내리듯이 고비를 넘고 넘었다. 그런데 한 번 잡은 권력이나 정상은 좀처럼 내려놓지 않으려고 온갖 발버둥을 치면서 문제가 터져 나온다. 어떻게 오른 자리인데 하는 오만이 앞을 가려 이성을 잃어가기 때문에 뒷모습이 좋아 보이지 않는다. 지나친 탐욕에서 내려오지 못하고 강제로 끌려내리게 된다. 당초에 있던 규정대로 하면 되는데 이를 무시하고 자의적으로 해석하거나 제 입맛대로 함부로 고쳐 합리화하려다 쌓아온 공까지 깡그리 무너진다.

여론이라는 것이 있다. 한 번 좋았다고 계속 좋은 것이 아니고 한 번 나빴다고 계속 나쁜 것도 아니다. 그 시점의 결과일 뿐 눈여겨보며 앞으로 어떤 모습을 보이느냐에 따라 변화의 물결이 출렁거리는 것이다. 나 아니면 안 된다고 무리하게 생각하면서 문제가 발단된다. 약간 틀어 나 아니면 더 잘 될 수도 있다는 생각도 해보아야 한다. 그렇게 문제를 풀어나가면 보다 확실한 해답을 찾아갈 수 있지 않을까 싶기도 하다. 내가 갈 길이 멀고 할 일이 많듯 다른 사람도 같은 입장이다. 문제는 혼자 살아가는 세상이 아닌 것이다. 함께 더불어 가는 길이기에 기회는 누구에게나 공평하게 주어져야 한다. 따라서 나만 아닌 우리다.

아직 갈 길이 멀다. 한 곳에 머뭇거리다 보면 그만큼 다른 곳을 둘러볼 시간이 없다. 가면서 좋은 곳이 더 많을 수 있다. 새로운 모습들을 볼 수 있다. 시간은 기다려주지를 않는다. 길은 오갈 때 비로소 길이 된다. 아무리 좋은 길도 그냥 놓아두면 길이 아닌 긴 선의 조형물에 불과하다. 필요에 의해서 생겨나고 필요에 의해 누군가는 자꾸 오가야 길로서 본분을 다한다. 아무도 찾지 않으면 길의 가치는 상실되면서 지워진다. 추억에 잠기거나 제자리에 멈춰 만족하기보다는 길을 찾아 크고 작은 꿈을 실현해 가는 것이 살아가는 참모습이다. 살아있다는 것은 움직임을 전제로 한다. 그만큼 길은 멀고 아직 끝나지 않았다.

- 2016. 05. 12.

생각을 방목하다

생각은 수시로 바뀐다. 아주 좋은 생각이 떠올랐다가 금세 사라지면 몹시 아쉬워하기도 한다. 나이가 들수록 건망증이 심하다고 한다. 메모지를 가지고 다니며 메모를 한다. 너무 생각이 많다 보면 어수선하다고 한다. 이따금 너무 생각이 나지 않아 답답하다고도 한다. 홍수를 이루는 듯싶다가도 메말라 할 말조차 제대로 찾지를 못한다. 아이디어가 풍부하다든지 빈약하다고도 한다. 「파스칼」은 '인간은 생각하는 갈대'라고 하였다. 생각을 자꾸 하다 보면 꼬리를 물고 이어가며 생각이 생각을 몰고 오기도 한다. 하지만 그 생각이 그 생각으로 밋밋하다가 옥석이라도 얻은 듯 정신이 번뜩 들기도 한다. 생각의 폭이 넓을수록 선택의 범위도 넓어진다.

생각은 방목해야 한다. 낯이 익은 곳에만 한정하지 말고 과감하게 활동영역을 낯선 곳으로 넓혀가야 새로운 생각들이 들어온다. 때로는 맹목적인 이상향과 같은 허상일 수도 있지만 이것저것 받아들이며 선택을 한다. 확 풀어놓고 생각의 전환이 필요하다. 고여 있는 물에서 기대되는 것은 썩어가는 고약한 냄새일 것이다. 자꾸 흘러 새 물이 들어와야 생동감이 생겨난다. 살아있음은 언제든 변할 수 있음을 전제로 한다고 할 수 있다. 때로는 엉뚱한 생각에 깊숙이 빠져들면서 기발한 생각이 떠오르기도 한다. 발상의 전환이다. 변화 속에 새로운 물결이다. 한 자리에 머물고자 하면 당장은 편안할지 몰라도 발전을 기대하기가 어려워 결과 또한 뻔하다.

언제든 뒤바뀔 수 있는 것이 삶의 현장이다. 이를 극복하고 이겨내야 원만하게 다음 과정을 위하여 보다 편안한 마음으로 나설 수 있고 수월하게 일의 실마리가 풀릴 수 있다. 자질구레한 것에 얽매이지 않아야 한다. 특별난 경우도 있지만 대부분은 반복되다시피 하는 것이 일상사이기도 하다. 연륜이 쌓여 경험이라는 큰 주춧돌이 만들어지고 디딤돌을 놓으며 받침목이 생겨난다. 더 큰 것을 지향하는 과정에 필요한 일부일 수 있다. 아무런 간섭 없이 마음속에 생각을 자유롭게 방목한다. 하지만 그 생각이 밖에 나오면서 누군가에게 직간접적 영향을 미칠 수 있다면 결코 자유로울 수만은 없어 신중을 기하고 배려하는 마음가짐을 지녀야 할 것이다.

- 2016. 06. 14.

아, 『처음』이다

세상은 넓고 길은 많다고 하였다. 갈수록 일은 많아지고 복잡해진다. 살아가면서 크고 작은 일을 비껴가지 못해서 수시로 부딪치고 있다. 그 자체가 처음이다. 『처음』에서 순간순간 풍기고 떠오르는 이미지를 들추어 본다. 처음은 시작이고 출발이다. "처음이 좋아야 끝도 좋다."고 한다. "될성부른 나무는 떡잎부터 알아본다."고 하였다. 하루의 처음(시작)을 알리듯 해가 힘차게 떠오른다. 모든 것은 처음부터다. 처음이 없는 끝은 있을 수 없다. 그래서 시종일관이고 애당초다. 그런데 그 처음이 쉽지가 않다. 처음(시작)이 반이라고 하고 마음 설레게 한다. 때로는 하루의 시작이 마음 무디어져 시큰둥하니 처음 같지 않은 처음으로 신선함을 느끼지 못하여 나태해진다.

아,
처음이다. 끊임없는 도전이면서 이겨내야 할 숙제다.
처음이다. 두려움에 망설임이다.
처음이다. 숙명처럼 다가와서 비껴갈 수 없음이다.

처음이다. 조심스런 모험이다.
처음이다. 낯이 설어서 생소함이다.
처음이다. 다함께 공평함이다.
처음이다. 미지의 세계에 대한 기대감이다.
처음이다. 때 묻지 않은 신선함이다.
처음이다. 넘어야 할 출발선이다.
처음이다. 희망으로 펼쳐지는 꿈이다.
처음이다. 경험 없는 미지수다.
처음이다. 눈물 젖은 외로움이다.
처음이다. 주저하면서도 해 보고 싶은 유혹이다.
처음이다. 그곳에 가보고 싶다.
처음이다. 할 수 있다는 가능성 자신감이다.
처음이다. 멈출 수 없는 신호탄이다.
처음이다. 살그머니 열림이다.
처음이다. 가슴에 당겨지는 애틋함이다.
처음이다. 머뭇머뭇 더듬거리며 숙련되는 관문이다.
처음이다. 껍질 깨고 나오는 과정이다.
처음이다. 안개 걷히는 세상이다.
처음이다. 끝이 없는 벌판에 신비로움이다.
처음이다. 막연히 당긴 호기심과 시기심에 당당함이다.

언제 만난 적, 먹어본 적, 해본 적, 가고 온 적, 가져본 적, 입어본 적, 겪어본 적, 살아본 적 있던가. 우리 어디서 만나 서로 아는 사이던가. 기억이나 추억이라도 있던가. 아니 아예 없다. 그래 더 신비감이 뚝뚝 묻어난다. 좋다가 싫고, 싫다가 좋아지듯 옳은 줄 알았다가 그르고, 그른 줄 알았다가 옳음을 깨닫는다. 처음에는 제대로 알 수 없다. 단순하게 보이는 것이 전부가 아니다. 강물이 흐르며 뒤바뀌기도 한다. 세상사 알 듯 알 듯 모르겠다. 처음이 그리워지기도 한다. 평소에는 바쁘고 일에 빠져 무심하다가 어느 순간 문득 떠올라 지난날을 돌아보는 것이다. 처음으로 돌아가고 싶은 후회 아닌 후회이기도 하다. 잘해보겠다는 은연중 반성에 다짐이기도 하다.

아,
처음이다. 없음에 만들어지는 있음이다.
처음이다. 핑크빛 아른아른 감미로운 속삭임이다.
처음이다. 존재를 드러냄이다.
처음이다. 새로운 문이 열림이다.
처음이다. 모든 일의 시발점 마중물이다.
처음이다. 시작이 아주 미미해도 알 수 없는 질주다.
처음이다. 한걸음 내디딤이다.
처음이다. 강물의 발원지 시원이다.
처음이다. 내놓고 비교할 수 없는 순수다.
처음이다. 성숙하기 위한 발돋움이다.
처음이다. 낯 익혀가는 계단이다.
처음이다. 의지할 데 없이 노출된 다툼이다.
처음이다. 수북이 쌓인 눈밭에 찍는 첫 발자국이다.
처음이다. 출발선상에서 기다리는 신호다.
처음이다. 단숨에 마셔야 할 술잔이다.
처음이다. 저항할 수 없는 절대자다.
처음이다. 그 사람 누구와 닮았을까?
처음이다. 나이테 새기는 일이다.
처음이다. 날카로운 칼끝이고 송곳이다.
처음이다. 피할 수 없는 막다른 골목이다.
처음이다. 짜릿한 성숙이다.
처음이다. 할아버지, 할아버지 그 할아버지의 할아버지…

처음이다. 아니다.

다른 환경에서 자란 남녀가 가정을 이루고, 아기가 태어났다. 어린이집, 유치원, 초등학교, 중학교, 고등학교, 대학교, 직장에 다니기까지는 수없이 처음을 맞고 겪는다. 친구가 생기고 지인에 이웃이 생기고 일이 생긴다. 아무래도 처음의 흔적이 오래 남아 추억으로 각인되고 그만큼 지워지지 않는다. 잊었지 싶은데 살그머니 나타나 잔잔한 미소에 젖어들기도 한다. 때로는 질긴 인연, 악연으로 평생을 괴롭히며 지긋지긋하게 따라다니기도 한다. 이런 형태의 글은 처음 써보는 셈이다. 그래도 처음 시도해보았기에 나름대로 의미를 부여해 본다. 처음부터 길이 있었던 것은 아니다. 필요에 의해 생겼다 쓸모없어 슬그머니 사라지기도 한다. 다시 한 해의 봄이 열린다.

- 2018. 03. 10.

새 부대에 새 술을 담다

기해년 새해가 밝았다. 2019년 황금돼지 해가 왔다. 새 꽃이 피었다. 백일홍이 아닌 1년 365홍이다. 하루가 민감하다. 시들다가도 금세 활짝 핀 것처럼 싱그럽다가 시큰둥하다. 세찬 빗물에 젖고 우렁찬 천둥소리에 기죽고 연초록에서 짙푸름이다가 고운 단풍물이 들기도 하고 낙엽으로 빈 가지마다 추위에 바들바들 떨기도 한다. 그야말로 천태만상이다. 끼어들어 즐기는가 하면 나 몰라라 방치하기도 하면서 전혀 생소하게 다가서고 느껴질 수밖에 없다. 그래도 시간 앞에 거역할 수 없어 어김없이 순종해야 한다.

살아간다는 것은 어제를 잘 보내기 위한 것이 아니고 그렇다고 내일을 잘 맞이하기 위한 것도 아니다. 지금 이 시간, 즉 오늘을 잘 보내기 위해 힘을 모아야 한다. 오늘이 순탄하게 반복되다 보면 어제도 내일도 순조롭게 보내고 맞이하며 보다 수월하게 즐길 수가 있다. 끊임없이 유유히 흘러가는 냇물이고 강물로 하나의 물줄기와 같을 수 있다. 내가 굳이 보내지 않아도 하루가 가고 내가 애써 맞이하지 않아도 찾아와 어제가 되고 오늘이 된다. 하지만 거듭된 날들로 적당한 선에서 새해라는 새로운 이름이 붙는다.

그리하여 2018년을 끊어내고 다시 2019년으로 불리면서 새로운 출발을 한다. 이제는 지난날을 내려놓고 새로운 출발을 하면서 아무래도 달라졌다는 설레는 마음가짐에 새로운 다짐으로 힘찬 시동을 걸어야 한다. 그럴 듯 거창한 계획까지 세우고 뭔가 마음속으로 몇 번이고 되뇌면서 이번만은 틀림없이 해낼 성싶다. 넘치는 의욕에 패기로 야망이 들먹거린다. 한 번 해보자고 배짱 아닌 오기다. 나라고 못할 것도 없다. 그러나 대개는 마음만 앞서고 몸이 따라주지 않으면 몇 걸음 내딛다 희미한 눈빛에 흐지부지 된다.

결국은 자신감을 상실하면서 아예 처음부터 없었던 일로 슬그머니 발을 뺀다. 그만두는 행동거지가 멋쩍은 듯 합리화에 핑계를 만든다. 애초부터 없었던 일이니 크게 달라질 것도 없다. 연례행사처럼 겪어왔고 받아들였으니 동요하거나 충격을 받을 일도 없다. 오히려 순순히 해내는 것이 더 이상하다고 여겨질 만큼 있으나 마나한 계획으로 꿈은 그냥 꿈일 뿐이었다고 무덤덤하게 지나친다. 어쩔 거냐! 그렇게 반복되면서 세월만 갔고 그래도 어김없이 나잇살이 늘고 나름대로 네 탓 타령에 면죄부로 오늘에 다다랐다.

세상은 빠르게 변하고 있음을 실감한다. 그러나 나는 좀처럼 변하려 하지 않으면서 당장 편안함에 현상유지를 추구한다. 나도 이 세상 수많은 개체 중 하나인데 스스로 거스르고 있다. 도도한 물결에 자갈이 쓸려나가고 밋밋한 물길에 모래가 씻겨가며 밀려날 수밖에 없다. 어쩌란 말이냐고 태평하다가 언제 어느 곳에 휩쓸려서 아무렇게나 처박힐지 모른다. 우리의 삶도 변화 속에 혼자 머무르고 싶어 한다고 잘 될 리 없다. 자꾸 뒤떨어질 수밖에 없다. 새로운 것이 앞질러 가고 뒤처지면서 낯설게 느껴질 수밖에 없다.

그동안 그런대로 잘 살아왔는데 갈수록 어렵고 뒷전으로 밀려나면서 초라해져 불평이 늘어날 수밖에 없다. 마음도 머리도 자꾸 새로운 것으로 갈아주어야 보다 가까이 다가가며 적응할 수 있는데 그렇지 못하다. 결국은 신세대에 구세대로 나뉜다. 비록 앞서지는 못할망정 따라는 가야한다. 그렇게 되도록 노력은 해보아야 한다. 찢기고 낡은 부대에 새 술을 담는 것보다 새 부대에 새 술을 담는 것이 외관상으로나 실리적으로 현명한 일이다. 다시 말해 새 술은 새 부대라 하듯 새해에 새 꿈을 담는 것은 당연한 것이다.

그런데 가끔은 별스럽지 않은 일에 의견이 상반되어 다투면서 곤혹스럽다. 그럴 때 누군가 나서 중재하고 소통할 수 있으면 참으로 다행스런 일이다. 그런 사람들로 세상이 미더우며 더 따뜻하고 든든하게 느껴진다. 함께 살아가는 세상에 서로 갈라설 듯 갈라놓을 수 없는 것은 같은 배를 타고 있는 것이다. 그래서 한 구성원인 우리다. 서로 지지고 볶으며 아니라고 우기다 결국은 의견이 모아지고 같은 길을 가고 있다. 막연한 인연에 악연이 아닌 필연으로 자연스럽게 살아가는 이유가 되기도 한다. 그래 햇볕처럼 따스하다.

언제부터인지 보이지 않는 거대한 힘에 지배를 받으며 은연중 이끌려가고 있는 모양새다. 그래도 거부하지 못하고 당연한 것처럼 휘둘리고 있는 것이다. 마음 따로 행동 따로 엇박자에도 아무렇지 않게 휩쓸려가고 있다. 돌이킬 수도 거부할 수도 없는 무능력자와 같다. 간혹 눈치나 보는 것이 전부인 양 아주 초라해지는 것이다. 줏대가 없느니 얕잡아보듯 자연스럽게 내 삶에 그 누구며 그 무엇인가가 끼어들고 있지 싶다. 갈수록 아쉬우며 안타깝기만 하다. 아니 그마저도 사치스러운 듯 아예 의식조차 못하기도 한다.

심각한 자기 상실이 아닌 내 삶을 살아야 한다. 그래야 후회 없는 삶이 된다. 내가 내 삶의 주인으로 내가 나서야 한다. 내가 만들어 가야 한다. 주인이 짓밟히고 몰라라 하면 누가 챙겨주랴. 하루, 한 시간이라도 서둘러야 한다. 내 인생인 것이다. 어쨌거니 또 한 해가 아쉽게 떠나갔고 새로운 꿈을 담아보는 한 해가 펼쳐졌다. 비록 예정된 수순으로 속고 속는 것 같은 세월의 흐름이 반복되면서 끝내는 내 삶의 줄기로 자리매김을 한다. 현실은 아직도 멈춤 없는 진행형으로 더 이상 미루거나 머뭇거릴 수만은 없다.

혹독한 겨울일수록 새봄을 맞으면서 스멀스멀 신기하리만치 새싹이 움트고 쑥쑥 대궁을 뽑아 화사한 꽃이 피어난다. 너무 황홀함에 온 시선을 빼앗기고 발길을 사로잡힌다. 얼떨떨해서 횡설수설 허우적거릴 때 여름마저 지나가면 알록달록 곱게 물든 단풍이다. 그도 잠시뿐으로 풍성하고 화려함마저 바람결에 휘날려 빈 몸 빈 가지로 나이테를 보태게 된다. 다시 한 해를 잘 보냈다고 긍지를 가져보려 하지만 어딘가 어색하기만 하다. 다시 이를 악물고 새봄을 기다리며 얼어붙지 않으려 쉼 없이 발을 꼼지락거린다.

- 2019. 01. 01.

죽을래(竹乙來) 안죽어(安竹魚)

길을 나서면서 여행이다. 여행이야 이름 붙이기에 따라 다양하지만 문인끼리 떠나는 문학기행이다. 문학의 발자취를 찾아 문학의 향기를 맡는다. 취향은 다르지만 그래도 뭔가 얻어질 것을 기대하며 가슴이 쿵쾅거린다. 천등산 자락 높은 산들로 둘러쳐진 계곡 속에 듬성듬성한 인가다. 그래도 한 때는 저들의 자녀들로 시끌벅적했던 그림 같은 분교가 있었다. 그러나 이제 젊은이가 떠나가고 없다 보니 자녀 또한 없어 자연스레 폐교가 되었다. 분교라고 해야 불과 세 칸의 교실에 조그만 운동장이 있었을 공간은 정원처럼 꾸며졌다. 이 폐교를 불하받은 「오탁번」 시인이 「원서문학관」을 열었다. 문학관이지만 초라하기 그지없어 쉼터정도로 여겨도 좋지 싶다.

그나마 마음에 당기는 것은 초등학교에 대한 짙은 향수가 있었다. 자그마한 책상에 선뜻 다가갔다. 일인용 책상으로 비좁아서 앉기에 다소 불편하였으나 다리가 재봉틀 다리를 연상하게 만들어져 비교적 튼튼해 보였다. 나중에 알고 보니 대학교에서 사용하던 것을 들여온 것이다. 아무렴 어떠랴, 외관은 여전히 초등학교의 모습들이 묻어나는 것을. 그런데 竹乙來(죽을래) 큰 글자 밑에 安竹魚(안죽어) 라는 작은 낙서가 눈에 들어 왔다. 처음 읽으면서 낯설어 의아스럽다가 우스갯소리로 변형되고 은연중 뭔가 시사하고 있음을 알았다. 물론 음은 같지만 뜻은 전혀 다르다. 하지만 학교폭력으로 골머리 앓고 있음을 감안하면 그냥 넘기기에는 좀 꺼림칙했다.

竹乙來(죽을래)에는 아주 강한 자가 약한 자에 대한 협박과 공갈과 강제 강요의 보이지 않는 힘의 압박이 있다. 한편 安竹魚(안죽어)에서는 공포와 굴복과 비굴과 좌절이란 처참한 존재의 무기력함에 모호함이 있다. 이들이 서로 뒤엉키면서 암담함이 깃들어 있고 우쭐한 마음에서 비행을 당연시 받아들여 삐뚤어진 길을 가기도 한다. 어디서부터 잘못되었는지 확실한 진단으로 빨리 치료하여 마음의 상처를 치유받을 수 있어야 한다. 보다 건강하면서 편안한 가운데 사회적으로 보호를 받는 어린이나 청소년이 되어 화기애애한 가운데 더불어 학습에 전념하여야 할 것이다. 그런 환경을 조성하면서 이끌어 주어야 한다. 여하튼 학교폭력은 없어져야 한다.

밝은 얼굴로 학교생활을 하면서 공동생활에 함께 즐거움을 맛보며 추억도 만들고 쑥쑥 자라나도록 북돋아 주어야 한다. 이는 비단 학부모나 학교 선생님의 한정된 몇몇 사람의 몫이 아니라 우리 사회 모두의 몫이기도 하다. 밭에는 풀이 많이 난다. 잡풀을 뽑는데 여간 힘이

드는 것이 아니다. 뽑고 돌아서면 다시 풀이 돋아나면서 며칠 지나면 무성해진다. 그래서 어지간한 곳에는 비닐을 씌운다. 부득이한 곳에는 제초제를 뿌리기도 한다. 그러나 제초제는 흙의 생명력을 아예 말살할 뿐만 아니라, 스며들거나 흘러내려 환경을 오염시키는 원흉이 됨으로 삼가야 한다. 꼬부랑 할머니가 따가운 햇살 아래 밭에서 풀을 뽑는다. 그중에 바랭이는 생명력이 강하다.

할머니는 풀과의 전쟁을 벌이고 있다. "그래, 넌 죽지도 않니? 언제쯤 내 눈앞에서 사라질 거니?" 그래도 못 들은 척 바랭이는 마디마디 뿌리를 내리며 억세게 목숨을 이어간다. 정말 비위 좋고 넉살 좋은 녀석이다. 남의 논밭을 초토화시킬 태세다. 참으로 가관이다. 주객이 전도된다는 말이 실감나게 한다. 보호를 받는 채마는 왜소해지고 뽑아내는 잡초는 번들번들 어깨가 떡 벌어져 빈둥거리며 야유라도 퍼붓는 듯싶어 더 열화가 치밀게 한다. 따가운 눈총을 어떻게 피하고 속였는지 참으로 기찬 녀석이다. 뿌리가 어찌나 튼실한지 주변이 다 뽑혀 나오는 것 같다. 하기야 그런 뻔뻔함 없이 남의 논밭에 스며들어 저리 태연하게 살아갈 수 있을까 싶기도 하다.

그래도 시간이 흐르다 보니 자연스레 치유가 되었는지, 늠름한 청년이 되고 채마는 풍성한 먹을거리를 제공한다. 그 과정에서 〔죽을래〕 아니 〔안죽어〕 하면서 수없는 갈등에 휩싸여도 아무렇지 않게 한 시대를 살아간다. 우리의 삶은 하루에도 수없는 갈림길에서 선택이라는 과정을 알게 모르게 거치면서 크고 작은 갈등을 겪게 된다. 때로는 삶

자체가 선택처럼 보이기도 한다. 그 중에 대부분은 슬그머니 대수롭지 않게 넘기게 된다. 갈등은 칡넝쿨의 갈(葛)과 등나무덩굴의 등(藤)이 합쳐진 말이다. 칡과 등나무가 서로 복잡하게 뒤얽혔음을 이름이다. 살아가노라면 이해관계에 따라 수시로 의견이 같기도 하고 뒤틀리면서 갈등을 겪지만 풀고 가야 한다.

- 2016. 05. 28.

그리움을 그리워하다

그리움으로 그리움이 더 그리워진다고 한다. 특별한 조건이나 까닭이 있는 것은 아니다. 그냥 시도 때도 없이 저 좋은 시간에 제 멋대로 찾아와 간절해지는 것이다. 처음에는 미미하고 막연하다가 점점 부풀어 구체화되기도 한다. 때로는 상사병처럼 그리움을 넘어 병이 되기도 한다. 그리움이 궁금함으로 바뀌기도 하고 기다림으로 희망을 담기도 하는데 마음에 틈새가 있을 때 심하다. 할 일 없어 빈둥거리거나 늦은 밤 제대로 잠을 못 이루고 외로움에 시달리며 뒤척일 때 마치 외로움과 놀아줄 듯 그리움이 살금살금 다가오지 싶다. 유년의 친구와 고향생각이 묻어오기도 한다. 뜬금없이 이것저것 그립기도 하고 궁금하기도 하다. 굳이 나눌 필요 없는 듯 어디까지가 그리운 것이고 어디까지가 궁금한 것인지 분간되지 않는다.

그리움이면 어떻고 궁금함이면 어떠랴. 함께하면 어떻고 따로따로이거나 먼저이고 나중이면 어떠랴. 매사가 제각각인 것 같아도 서로 연관성이 있어 무관하지 않을 때가 많다. 이처럼 시작도 끝도 없어 긴

이야기 중 어느 한 토막이 불쑥 튀어나와 그리워지며 궁금해질 때가 있다. 엇비슷한 일을 접하면서 연관이 되면 더욱 그렇다. 은연중 잠재의식을 일깨우면서 감정이 되살아나는 것이다. 추억이 잽싸게 스치고 지나가는 것이다. 직접 보거나 보이지는 않지만 순간적으로 진하게 전해지는 것이다. 그야말로 밑도 끝도 없는 셈이다. 그러다가 쑥스러운 듯 제풀에 사그라지면서 마치 바람이 지나가고 언제 그랬느냐는 듯 머쓱해지기도 한다. 아무 일도 없었던 양 싱겁기 짝이 없다. 고요와 정적이 더 깊어지면서 외로움을 탄다.

마치 바람에 시달리던 나뭇가지가 미동도 하지 않는 것 같다. 마음의 변덕을 부리는 것 같기도 하고 하나의 꼬투리를 잡고 있는 것 같기도 하다. 하기야 살아가면서 그런 멋이나 맛마저 없으면 너무 감정이 메말랐다고 할지도 모른다. 비록 멀고 멀리 지나간 일이지만 짙은 추억일수록 생생한 그리움이 되기도 한다. 그리움에는 끝내 그리움일 수밖에 없는 그리움이 있다. 이미 지나간 일들로 다시는 돌이킬 수 없는 그리움이다. 일테면 유년시절에 대한 그리움이라든지, 사라진 고향이지만 생생히 웅크린 추억이라든지, 돌아가신 부모님이라든지, 마음이나 가슴 속 깊은 곳에 담고 그리워할 수밖에 없다. 정말 영원히 풀리지 않고 풀 수 없는 그리움이다. 그 그리움이 커지다 보면 더 큰 그리움으로 그리움을 그리워할 수도 있다.

못내 아쉬움에 언젠가 한 번쯤은 다시 만나보고 싶다는 첫사랑이 있다. 서로 어쩔 수 없는 사정으로 본인들의 뜻과는 관계없이 헤어진 터라 더욱 그렇다. 아무리 세월이 흘러가도 그 때 그 모습만은 곱고도 아름답게만 남아있다. 그 핑크빛 첫사랑이 슬그머니 떠오르면서 같은 하늘 아래 어딘가에서 잘 살아가고 있겠지. 어떻게 변했을까? 그도 나를 기억하고 생각할까? 더듬거리면서 금세 얼굴이 붉어지고 늘 설레는 마음이다. 그러다가 우연한 기회에 만나면서 그리움 속의 그 모습과는 달라도 너무 달라 도리질을 쳤다고 한다. 첫사랑의 환상이 산산이 무너지면서 뒤끝이 씁쓸하였다고 한다. 차라리 만나지를 말고 그리움 속에 그리움으로 끝까지 남겨두는 것이 좋았을 거라고 한다. 한순간에 그만 첫사랑을 잃어버렸다고 한다.

어느 시점에 그리움은 풀릴 수도 있다. 일테면 유년의 친구를 만나거나 좀처럼 찾지 못하던 고향을 찾은 것이다. 말끔히 씻긴 듯싶지만 시간이 흘러가면서 다시 그리움으로 싹이 터 오른다. 그런가 하면 지금은 꿈같아도 언젠가는 다다를 수 있으리란 기대감에 기다림을 불러오기도 한다. 이처럼 그리움도 사연처럼 아주 다양하다. 가끔은 그리움에 궁금증이 덧칠되기도 한다. 서둘러 나아가려 하는가 하면 한편에선 천연덕스럽게 지난날을 붙잡고 있다. 방향이 같은 듯 다르기도 하다. 때로는 그리움이 곧 궁금증으로 서로 구분할 수 없을 만큼 한꺼번에 뭉그러지기도 한다. 어디나 많은 길이 있다. 그래서 더 많이 궁금하다. 어디나 많은 방법은 있다. 그래서 더 궁금하다. 그러다 보니 시행착오에 불만스러운 일도 곧잘 생긴다.

나이를 먹을수록 지난날에 애착을 느끼면서 그때가 좋았다고 한다. 좋은 일만 아니라 아픔까지도 기꺼이 끌어안고 "나에게도 그런 시절이 있었지, 그래도 원 없이 살은 거야." 스스로 위안을 삼으며 추억을 먹고 산다고 하지 않는가, 그런 안주라도 삼을 일이 많은 것이 낫겠지. 하기야 모질지 않고 쉽게 살아온 삶이 어디 흔하랴. 툭하면 내 인생역

정은 소설을 써도 몇 권은 된다고 호언장담하지 않는가. 이제 정리하듯 하나하나 꺼내어 버릴 것은 버리고 또 챙길 것은 챙겨가면서 또 버리고 추억 속에 살아가는 것도 나쁘지만은 않겠지. 그러나 과거는 과거일 뿐, 자칫 너무 빠져들다 보면 그리움 속에 그리움을 그리워하다가 오히려 현실을 등한시 하면서 뒤떨어져 외톨이가 되면 더 외로울 수도 있어 조심스럽다 할 것이다.

- 2019. 05. 10.

제5부 50년만의 여행

채호

이 세상에 영원한 것은 없다. 바위도 깎이어 바뀐다. 날카롭고 뾰족한 돌덩이가 깎이고 닦여 밋밋한 조약돌이 되기도 한다. 겉보기에 험상궂어 뭔가를 꼭 닮았고 예술성을 지녔다고 감탄을 자아내게 한다. 짧은 글에 비수 같은 경구가 담겨 비유적이고 상징적으로 많이 인용되던 속담이 상당수 쓸모없게 되었다, 급속한 문화의 발달로 환경이나 생활습관이 달라지면서 현실에 맞지 않는 것들이 너무 많다. 개중에는 있으나마나 한 것들도 있다. 속담도 시대에 걸맞도록 새롭게 고치거나 버리고 물갈이하여야 한다.

반세기만에 만난 고교동창

이제 겨울도 끝나가면서 여행을 떠난다. 여행은 누구와 함께 떠나느냐에 따라 분위기가 확 달라진다. 물론 잘 아는 사람과 하면 좋겠지만 낯선 사람들과 어울려야 할 때도 있다. 이번에는 특별히 고등학교동창 4명이 부부 동반하여 한 팀으로 떠난다. 그 중에는 졸업 후 50년을 훌쩍 넘어 처음 만나는 친구도 있다. 학창시절 가깝게 지낸 사이도 아니어서 그동안 아주 많이 변했을 텐데 제대로 알아볼 수 있을지 은근히 염려되기도 하였다. 그러나 기우였다. 만나면서 대뜸 '너였구나!' 하며 아주 절친한 사이처럼 느껴졌다. 그 뿐만이 아니다. 그들의 배우자들도 아주 오래 전부터 잘 알면서 오고 간 사이처럼 자연스럽게 어울릴 수 있었다. 나만 그런 것이 아니라 그들도 마찬가지였다. 참으로 신통방통하다. 고등학교동창이라는 이름으로 이렇게 모두를 하나로 묶어 어색하지 않게 포용하면서 동질감을 만들어 내는 것이다. 보이지 않는 끈끈한 힘을 바탕으로 훈훈한 정감이 흐르고 있는 것이다. 처음의 분위기가 이만하면 여행을 함께 떠나는데 큰 문제점이 없다.

잔뜩 웅크렸던 겨울을 떨쳐내고 봄이 오는 길목의 환절기다. 여행지는 국내보다 남쪽이고 내륙지방으로 기온이 5도 정도는 높지 싶다. 따라서 곳곳에 샛노란 유채꽃이 확 눈에 꽂히고 간간이 벚꽃에 매화며 동백꽃도 차창 너머로 들어온다. 산골의 다랑이 논에 2모작 벼를 직파하려는지 벌써 물을 가두고 긴 논두렁을 손보았다. 우리의 마음도 자연의 힘찬 요동처럼 빨갛고 노랗고 하얗고 분홍빛깔로 물들고 갈아입다가 저 숱한 대나무처럼 아무렇지 않게 푸르기를 거듭하면서 흥겨워할 것이다. 고등학교동창들 그리고 그들의 배우자들과 자연스럽게 더불어 여행을 즐기면서 한껏 들떠있을 것이다. 이야기도 굳이 처음이 따로 없고 끝이 따로 없다. 누구랄 것 없이 아무나 그냥 나오는 대로 하면 되고 그에 귀를 기울이며 재미있게 듣고 같이 웃으면 된다. 그러면서 가끔은 나도 그랬는데 또는 그랬구나, 그랬었구나 하며 실감나게 받아들이면 된다. 힘들었던 일도 있고 재미난 일도 있고 은근히 호기심으로 바라보기도 한다. 간간이 장난을 덧붙이면 감칠맛이 난다.

인생의 50년은 결코 짧지 않은 세월이다. 한참 패기가 펄펄 들끓으며 겁이 없던 10대의 해말간 얼굴에 반짝이던 눈동자는 어느덧 세월이 주는 훈장처럼 주름진 얼굴에 움푹한 눈동자로 바뀌었다. 건강이 어쩌니 하면서 마음보다는 몸을 다독거리고 있다. 하지만 지금은 마치 고등학생인 것처럼 마음은 그 시절로 내닫고 싶어 한다. 현실 속에서 타임머신을 타고 오락가락 하고 있다. 오랜만에 때 묻지 않은 웃음이 소리를 높이며 흐르는 계곡물 같다. 한 방울의 물이 강이라 불리고 바다에 이르기까지 우여곡절을 겪었듯이 저마다 멀고 먼 길을 힘들게 돌고 돌아 이 자리까지 왔다. 4명이 전혀 다른 길을 걸어오면서 나름대로 최선을 다하였다. 비록 보란 듯 뽐내며 내놓을 것은 없어도 떳떳하다는 자부심은 지니고 있을 것이다. 지난날을 굳이 묻지 않아도 여행을 하면서 서서히 묻어나올 것이다. 어쩌면 아이들 이야기가 먼저일 수도 있다. 투정보다는 자랑일 수 있다. 손자손녀에서 며느리와 사위도 끼어들고 부모도 나올 것이다. '그랬구나, 그랬었구나.' 할 것이다.

그동안 같은 듯 다른 삶이었지만 방식이나 절차의 차이일 뿐이다. 틀림없는 것은 나름대로 열심히 살아온 것이다. 그래서 떳떳하고 자랑스러우며 당당함을 내보이고 있는 것이다. 학창시절에 미적분을 풀기 위한 진지한 모습이나 영어문장 하나에 악착스럽게 매달렸던 풋풋함보다는 인생의 노련한 향기가 배어나오는 의연함에서 세월에 담긴 연륜을 느끼게 한다. 이런 모습 하나로도 이번 여행은 그만한 가치가 충분한 셈이다. 직장이나 사회에서 50년, 이웃에서 50년, 가족으로 50년과는 또 다른 다정다감함이 엿보인다. 순간순간 내 마음이 네 마음, 네 마음이 내 마음처럼 느껴지기도 한다. 새삼 친구여, 반갑다. 그 말 한 마디로 이미 모든 것이 알게 모르게 녹아들었다. 그리고 그냥 고마우며 자랑스럽다. 굳이 무엇을 그렇게 또박또박 따져야 할까. 있는 그대로 보고 듣고 웃으면서 함께하다 보면 그 때 그 때 상황에 따라 자연스럽게 그런 모습들이 묻어 나오면서. 꼬치꼬치 묻지를 않아도 느끼게 된다. 겨울을 밀치고 봄이 오듯이 그렇게 따스하게 다가온다.

4박 6일 동안 모두를 잠시 내려놓고 우리들의 세상인 것처럼 떠나는 것이다. 비우고 채우는 것이다. 이런 기회가 흔하지 않으니 분명 크나큰 인연임에 틀림없다. 여행을 함께 하거나, 곤드레만드레 술자리를 함께 해보거나, 내기를 해보면 어느 정도 그 사람을 알 수 있다고 한다. 깊고 깊은 속을 들여다볼 수 있다고 한다. 함께하다 보면 저 깊숙이 꽁꽁 감추어 두었던 빗장이 슬그머니 풀리면서 드러내는 것이다. 성격이며 성질머리며 마음씀씀이며 배려며 소통이며 이해심까지 긴장이 풀어져 속셈이 보이는 것이다. 그것도 4박 6일 동안 배우자까지 대동하고 여행을 한다. 저 멀리 흘러간 50년이 압축되어 하나씩 보고 듣기에 짧지 않은 시간이다. 이처럼 한가한 시간을 만들기에는 결코 쉽지가 않다. 함께 하면서 내 삶을 보여주고 그들이 살아온 50년을 들여다보는 것이다. 처음부터 거부감 없는 아주 익숙한 사람들처럼 여행이라는 하나의 목적지에 몸을 싣고 가고 오면서 맛깔난 시간이 될 것이다. 그래서 더 반갑고 기대되는 여행이기도 하다. 친구야, 고맙다.

- 2019. 02. 18.

개똥참외의 추억

대전천을 거닌다. 목척교 분수대를 지나 고수부지 풀숲에 샛노란 꽃이 한낮인데 별처럼 피어 한눈에 들어왔다. 좀은 낯이 익고 생글생글 웃음을 머금은 개구쟁이 같으면서 친밀감이 묻어나 은연중 한 발 다가섰다. 바람처럼 유년이 스치며 얄팍한 미소가 번졌다. 참외꽃이다. 그것도 개똥참외다. 누가 일부러 심은 것이 아니다. 자생을 한 것이다. 아니 어떻게 이런 곳에 피어 있을까. 참외라도 열렸는지 궁금해 슬쩍 들여다보았다. 참외는 암꽃과 수꽃이 구분 된다. 많은 수꽃 사이로 암꽃이 보이고 벌이 다녀간 후에 암꽃이 수정을 하고 참외가 달리게 된다. 야생 참외는 열매가 크지 않아 주먹만큼 하다. 그래도 추억이 담긴 끈끈한 눈길을 보내본다.

어린 시절은 보릿고개까지 있은 때였다. 아낙네가 광주리에 이고 다니며 팔던 참외를 가까스로 구입하여 온 가족이 둘러앉아 모처럼 배가 불룩하도록 먹었다. 아이는 댓돌 아래 안마당에 씩씩거리며 한 무더기 푸짐하게 변을 보았다. 뜰에서 슬금슬금 눈치를 살피던 황구가 잽싸게 달려가 날름 변을 물어삼켰다. 그렇게 그 아이가 고마울 수 없었을 것이다. 논밭까지 따라 다니던 황구는 저희끼리 어울려 바깥을 쏘다니다 아무데나 변을 보았다. 참외는 연하고 달콤한 맛이 있지만 그 씨는 아주 억세다. 발라냈어도 함께 넘어간 씨는 소화가 되지 않고 아기의 변으로 배설되고 개가 먹어도 개 역시 소화를 못 시켜서 씨앗으로 그냥 배설이 되었다.

여름 내내 비를 맞다 보면 온도가 높고, 습도가 충분하며, 산소도 적당하여 개똥 속에서 참외 싹이 움트고 개똥을 거름으로 넝쿨이 뻗어나간다. 팔월 하순경이면 샛노란 꽃이 피고 자잘한 열매 몇 개가 달린다. 여름방학이 끝나고 학교를 오가는 길목에서 관심 있게 들여다본다. 덩치가 커지면 풀잎으로 참외를 살짝 덮어놓고 익을 때를 기다린다. 내일은 따먹어야지 했는데 누가 먼저 슬쩍하면 배신감과 상실감에 허탈했다. 다행히 노랗게 익어 냄새가 폴폴 나는 참외를 딸 때는 침이 먼저 꼴깍 넘어갔다. 작아도 정말 달고 맛이 좋다. 마치 아주 큰일이라도 해낸 것처럼 승리감에 도취되었다. 이처럼 개똥에서 싹터 열린 참외를 개똥참외라 하였다.

그런 개똥참외가 아주 오랜만에 대전 한복판인 대전천변에서 버젓이 꽃을 피우고 기다리고 있지 싶은데 어찌 반갑지 않으랴. 그냥 개똥참외가 아니라 어린 시절의 추억을 참외넝쿨에 통째로 담고 있는 것이다. 마치 옛 친구라도 만난 양 아주 반갑게 맞이할 수 있었다. 그런데 어떻게 여기서 둥지를 틀 수 있었는지 잠시 궁금증에 빠져들었다. 설마 애지중지하는 반려견이 슬쩍 변을 보았을까. 아니면 참외를 먹은 아이가 변을 보았거나 상류에서 참외씨앗이 빗물에 씻겨 흘러가다

눌러앉았을 것으로 정리해 보았다. 어쨌거나 개똥이라는 이름에 걸맞지 않게 들꽃처럼 태연하게 피어 달맞이꽃만큼이나 환히 주위를 밝히며 여유롭게 햇볕을 쬐고 있었다.

어린 시절만 해도 참외가 흔치 않았으니 개똥참외도 감지덕지했다. 지금은 참외가 지천이다. 하지만 그 때는 없어 못 먹었고 지금은 흔해도 당기지 않아 안 먹는다. 같이 못 먹고 안 먹어도 그 의미만은 사뭇 다르다. 길을 가다가 한낱 보잘것없는 개똥참외를 보는 순간 반가움과 함께 지난날의 추억이 실타래처럼 이어질 줄 몰랐다. 이처럼 하찮지 싫었던 일도 세월이 흐르면서 그 어느 것 못지않게 귀한 추억으로 매달려 있었다. 그러고 보면 추억은 되돌릴 수 없는 세월의 시계 앞에 새롭게 만들어지는 것이 아니라, 이처럼 어느 날 뜬금없이 나타나 나를 돌아보며 읽게 한다. 추억은 작은 것 하나도 내가 걸어온 발자취로 소중하며 값지다고 할 것이다.

- 2016. 09. 07.

아들에게도 고향이 있을까

'고향'이라면 추석과 설을 빼놓을 수 없다. 서두르는 귀향길이 왜 그렇게 막히고 또 막혀 더디기만 한지. 그렇게 자동차가 꼬리를 물고 불편해도 참을 만하고 설레기만 한다. 그런데 요즘은 자녀가 찾아오기 불편하다고 부모가 거꾸로 찾아가고 있다. 그만큼 고향의 의미는 사라지고 있는 셈이다. 명절 때가 되면 실향민을 떠올린다. 애틋한 고향이 있어도 가로막히거나 없어져 가지를 못하는 사람들이다. 그런데 이제는 갈 수 있어도 고향에 대해 시큰둥하다. 나이가 든 사람보다는 젊은 층으로 갈수록 그만큼 고향에 대한 추억이나 향수가 없지 싶다. 고향의 의미가 갈수록 희미해지고 있다. 바쁘다고 한다. 우선 서로 만나기가 쉽지 않다. 한가하게 고향타령이나 할 때가 아니라고 한다. 지긋이 나이 든 사람은 그래도 실감나지만 젊은 세대로 갈수록 그리 실감나게 다가오지 않는 것이 사실이다. 어쩔 수 없다. 우선 어려서부터 자유분방하게 뛰어놀아야 했는데 그렇지를 못했다.

나의 유년은 농경시대에서 크게 벗어나지 못했다. 부족한 농경지지만 농사가 천직이다시피 하였다. 태어난 고을에서 학교 다니고 결혼도 인근에서 중매로 이루어졌다. 그대로 눌러 살았으니 유동인구도 거의 없었다. 면단위에서 누구누구네 하면 그 집 형편은 물론 조상까지 훤히 꿰고 있었다. 자기 동네는 물론 면내의 사정쯤은 훤히 알고 있는 만큼 곳곳에 추억이 담겨있고 삶의 흔적이 고스란히 배어있을 수밖에 없다. 지금 찾아보아도 앞에 흐르는 냇물이며 뒤쪽 우뚝 솟은 산이며 산천은 거의 변화가 없고, 마을의 수호신 같은 커다란 둥구나무에서 유년의 윤곽이 쉽게 그려진다. 그 속에서 뛰어놀던 향수가 잊은 듯 되살아나 다가오는 것이다. 그래서 고향이 정겹고 어머니의 품처럼 느껴지는 것이다. 조상님들의 산소가 그대로 있고, 동네 낯익은 사람도 있고, 일가친척도 일부가 살고, 친구도 몇 명쯤은 고향을 지키고 있으니 언제든 자연스럽게 다가갈 수가 있는 것이다.

더 나아가 투박하지만 옛날 집의 모습이 남아있기도 한다. 그러다 보니 솔깃한 추억이 실타래처럼 술술 풀려나온다. 감나무에 까치집이며, 과수원 뒷길이며, 삐뚤빼뚤하던 논두렁길이며, 소에게 풀을 뜯기던 일이며, 봄이면 소풍가던 길이며. 장마에 물이 넘쳐 동동거렸던 냇물과 양조장도 있다. 시퍼렇게 넘실거리던 저수지며, 팽이 치고, 연 날리고, 자치기 하고, 멱 감고, 고기를 잡았다. 이웃집 할아버지 긴 수염이며, 시집 장가가는 큰 잔치에 돼지 잡고 오줌보를 얻어 축구하던 일, 상여 나가던 일, 원두막이며, 대추 따고, 밥 줍던 일, 고불고불 좁다란 골목길 텃밭에 옥수수가 익어갔다. 울타리에 호박, 지붕에는 달덩이 박, 장맛비 멎고 구렁이가 돌아다니면 그 집의 주인이라고 했다. 무밭이며, 고구마를 캐고, 콩밭과 밀밭을 드나들며 닭서리까지 했다. 사랑채에 제비가 집 짓고, 겨울이면 초가집 처마에 고드름이 길게 달려 댓돌에 녹아떨어졌다. 어느 하나 잊힐 리 없다.

이런저런 뛰놀던 모습이 박물관처럼 고스란히 입력되었다가 그대로 머릿속에서 재현되는 것이다. 그러기에 고향을 못 잊어 하는가 보다. 배어 있는 추억을 그리워하나 보다. 언제 찾아도 반갑게 맞아주기에 찾고 또 찾아도 싫지 않다. 자연스럽게 그 시절로 타임머신을 타고 씽씽 나는 것이다. 초등학교와 중학교를 졸업하고 십대 후반에 사실상 고향을 떠났다. 줄곧 객지생활이 시작된 것이다. 오랜 세월이 흘러갔어도 그곳이 마음의 원천이 되어 깊숙이 뿌리를 내렸다. 크고 작은 거미줄 같은 이야기들을 곱게 보듬어 안고 있다가 언제든 나를 맞이하면 조금씩 아주 조금씩 풀어놓는다. 외국에서 한국 사람을 만나면 잘 알고 지내던 고향사람이라도 만난 것처럼 아주 반갑다. 군대생활 할 때는 출생지가 같은 도민 되어도 고향사람 같았다. 객지에서는 향우회를 한다고 출신이 같은 군민이나 면민끼리 만나 친분을 맺고 이어가기도 한다. 이처럼 고향의 범주가 달라지기도 한다.

그런데 요즈음은 어떠한가. 고향에 대한 추억을 만들어 줄 곳이 없고 만들 수도 없다. 같은 동네에 오래도록 살아도 관심이 없다. 심지어 같은 아파트의 아래 위 또는 앞집에 살아도 알려고 않고 알 필요도 없다. 그냥 편리한대로 살고 아쉬울 것도 없다. 비단 우리 아이들의 문제만은 아닐 터다. 어린 아이라고 한가하지 않다. 시간이 없다. 있어도 컴퓨터나 스마트폰에 빠져 혼자 즐긴다. 출생지도 집이 아니고 대부분 무슨 병원이다. 한 때는 고향이 따로 있나 정들면 고향이지 하며 자신을 위로하기도 했다. 그런데 이웃마저 상실하고 외톨이가 되어 끝내는 갈 곳이 없어 외로워하나 보다. 아들의 경우를 되짚어 본다. 천안의 한 산부인과에서 태어났다. 그러나 본적은 본인의 의사나 사실과는 아무런 관계없이 아버지의 고향인 아산으로 관공서에 신고 되어 있다. 당연한 것으로 여겼으나 그 후에도 아산에서 살아본 적이 없다. 서너 달쯤 천안에서 살다 대전으로 이사를 하였다.

대전에서 1년여쯤 살다가 동생이 생기면서 엄마가 힘들다고 외가인 청주로 보내졌다. 청주에서 한 3년쯤 살다가 대전으로 돌아와 살면서 유치원과 초등하교 그리고 중학교를 졸업했다. 고등학교를 서울로 가면서 대학을 다니고 결혼하여 잠시 지방에 나갔다가 다시 서울로 가서 줄곧 살고 있다. 여기 찔끔 저기 찔끔 엉켰으니, 아들은 어디를 고향이라고 할까. 출생지도, 본적지도, 외갓집도 아니다. 그나마 초등학교와 중학교를 다닌 곳으로 여길 것이다. 그러나 동네마저 원룸이 들어서면서 살던 집은 흔적조차 없게 되었다. 마을은 있으되 그 때 그 마을이 아니라 너무 낯설기만 한 곳이다. 아들도 나이가 이제 불혹을 훌쩍 넘었다. 아들에게도 고향에 대한 미련이 남아 있을까? 있으면 무엇일까 궁금하기도 하다. 한편으로는 제대로 고향을 만들어주지 못하고 제대로 지켜주지 못하여 미안하다고 해야 하나. 세상 흐름이 그러니 어쩔 수 없다고 적당히 얼버무려도 괜찮을까.

고향이라고 아무리 헤집고 다녀도 같이 놀던 친구나 이웃집 사람 하나 얼굴을 볼 수 없다. 어디에도 고향이라고 할 만한 냄새조차 없다. 고향이라고 내놓고 반겨줄 것이 없으니 고향을 잃어버린 것이다. 고향이라는 향수 같은 것이 남아있을 리 없으니 아들은 고향을 어디라고 선뜻 말할 수 있을까. 이처럼 고향이라고 찾아가고 싶어도 달리 고향냄새라고는 없다. 연휴나 명절이 되어도 고향을 찾지 않는 것이 당연한지 모른다. 오랜만에 황금연휴라고 다투어 외국으로 나간다. 아무렇지 않게 아니 당당하게 나들이를 다녀온다. 공항은 발 디딜 틈 없이 북적거린다. 요즈음 신세대 풍경이다. 고향은 조상이 있고 그곳에서 대대로 살아야 그래도 살가움이 묻어났다. 때로는 문중이라는 핏줄을 넘어 정신적 버팀목에 샘물이었다. 이제는 외국도 손쉽게 드나들 수 있다. 예전 같지 않아 조상도 멀어지고 고향에 다녀온다기보다는 부모님을 뵙고 온다고 하는 것이 더 자연스러워졌지 싶다.

- 2017. 05. 31.

반복이 주는 선물

험한 곳에도 길은 있다. 누군가 필요했기 때문이다. 처음 가는 곳이라도 누군가 뒤따라가다 보면 훌륭한 길이 될 수 있다. 필요한 곳이면 누군가 찾아가고 길이 생긴다. 아무리 힘겨워도 반복하다 보면 길이 생겨난다. 빈틈없이 잔디만 있는 곳도 자꾸 밟고 지나다니다 보면 어엿한 길이 생긴다. 흔적이 생기면서 길이 드러나고 열린다. 단단한 돌도 계속 여러 사람이 밟고 다니면 닳고 거친 나무도 반복된 손길에 반질반질 윤기가 난다. 가을이다. 초목이 단풍으로 물들고 있다. 물결치는 화려한 잎들이 낙엽이라는 이름으로 지고나면 나무는 텅 비어 쓸쓸할 것이다. 그러나 나무는 여전히 의연하다. 이미 겨울이 올 것을 알고 준비를 하여 왔기 때문이다.

계절이 바뀌고 있음을 알고 있기 때문이다. 한여름의 태풍이나 폭우처럼 예고 없이 갑자기 몰아친 것이 아니다. 순환의 원리를 터득했기에 당연히 받아들인다. 반복 속에 대처하는 법을 안다. 구조조정 하듯 잎이 진다. 그러다 다시 새싹이 돋을 봄이 올 것을 알기에 묵묵히 그날을 위해 준비한다. 기다리는 동안 생존을 위해 추위를 붙잡고 몸부림친다. 그러면서 나무는 몸 안에 세월을 새기듯이 나이테를 만든다. 한 줄 연륜을 그린다. 사람은 그 어디에도 그런 나이테 같은 문양이 없다. 사람은 초목과 달라도 한참 다르다. 굳이 문신처럼 새기지 않아도 된다. 사람은 생각하고 기억을 한다. 몇 년이라고 기억으로 담는다. 필요하면 언제든지 헤아려 볼 수 있다.

뜻이 있는 곳에 길은 있다. 끊임없는 도전이다. 개척정신이고 선구자가 된다. 자꾸 발견을 하고 발명하면서 새로운 세상을 가며 발전한다. 반복의 힘이고 끈기의 힘이다. 공부도 결국은 반복이다. 한 번에 되지 않는다. 어려워도 반복하다 보면 극복하고 길은 열린다. 노력의 결실로 길은 생겨나고 길은 열린다. 천재는 만들어진다고 한다. 타고난 천재보다 노력하는 사람이 더 성공한다고도 한다. 그만큼 반복된 노력의 결과이지 싶다. 그런데 대부분 도중에 회의를 느끼며 물러선다. 당장의 편안함에 앞날은 실종되면서 불확실에 눌려 포기하고 만다. 한계에 다다른다. 하기야 누구나 다 손쉽게 할 수 있는 것이라면 당연한 일로 그다지 큰 의미가 없을지 모른다.

좀처럼 할 수 없는 일을 거뜬히 해내면서 대단하고 성공했다고 한다. 꾀를 부리며 좀 더 쉬운 길만 가려고 한다. 약삭빠른 생각을 한다. 어떻게 하면 적당히 혹은 빠른 길로 질러갈 수 없을까, 행운을 바라며 반칙을 생각한다. 반칙임을 알고도 옆길로 앞질러서 가려는 속임수 같은 생각을 한다. 간혹 비법으로 통할 수 있을지 몰라도 대개는 턱없는 생각에 지나지 않는다. 통하는 듯싶다가 허무하게 무너진다. 길은 더 멀어지고 좌절에 무릎을 꿇는다. 끝내는 뒤늦게 깨닫고서 후회를 한다. 쇠공이를 갈아 바늘을 만든다고 한다. 상상도 할 수 없는 아주 끔직스런 이야기로 그만큼 수없는 반복된 노력을 하여야 한다는 교훈이기도 하다. 그냥 되지 않음을 말한다.

이 세상에 공짜는 없다고 한다. 그런데도 공짜를 좋아한다. 당장 먹기 좋은 것이 곶감이라고 공짜 앞에 줄을 서며 사족을 못 쓴다. 공짜 맛에 빠져 앞길이 막힌다. 정당한 노력으로 흘린 땀의 대가라야 떳떳하고 값지다. 열 번 찍어 안 넘어가는 나무 없다고 한다. 그것이 감정과 인정이 있는 사람의 마음이기도 하다. 지성이면 감천이라 하였고 진인사대천명이라 했다. 하늘도 돕는 자를 돕는다고 했다. 노력만큼 내놓고 믿을 만한 것이 없어 반복하다 보면 길은 열린다. 돌도 구르다가 보면 냇가에 조약돌이 된다. 반복하면 되는 줄 알면서 왜 못할까. 알면서 못하니까 더 약이 오른다. 하지만 생리적으로 그런 모양이다. 그냥 쉽게 사람이니까 그렇다고 한다.

- 2016. 12. 04.

팽이와 채찍

날씨가 추워지고 냇물이 얼어붙으면 아이들은 추위도 잊고 몰려나와 썰매를 타고 한 쪽에서 팽이를 치는 모습이 그려진다. 팽이는 자꾸 두들겨 맞아야 열심히 돌아가고 얼음판에 건강한 웃음소리가 쏟아져 나왔다. 팽이는 그냥 놔두면 자력으로 돌아갈 힘이 없다. 비실거리다 쓰러지면 그뿐이다. 더 이상 팽이로서의 구실을 못한다. 팽이가 살기 위해서는 자꾸 두들겨 맞아야 한다. 맞아야 비로소 씽씽 신바람 나게 돌고 돌아간다. 채찍은 하나의 엄연한 폭력이다. 그러나 옳지 않게 쓰거나 그런 시각으로 볼 때의 일이다. 여기서 채찍은 팽이가 살아가는데 꼭 필요한 생명의 매이면서 사랑의 매이다. 채찍은 촉진제이고 때로는 억제시키는 역할을 한다.

요즈음 끔찍스러운 일들이 자주 벌어지면서 깜짝깜짝 놀라게 한다. 생각하는 것조차 낯이 뜨겁고 더 나아가 소름이 돋는 범죄가 곳곳에서 발생한다. 가정의 신성한 울타리까지 거침없이 파고들어 불감증에 걸렸지 싶다. 티브이 같은 언론에서는 쓴 소리를 쏟아낸다. 일종의 보이지 않는 채찍인 셈이다. 그러나 특정된 채찍이 아닌 대중적인 경고 메시지로 부각될 뿐 끊이지를 않는다. 나의 일이 아닌 남의 이야기로 들리기 때문이다. 관공서의 민원실에서는 이따금 갑작스럽게 언성이 높아지기도 한다. 불평을 늘어놓는다. 억지를 쓰려는 사람이 있고 실지로 억울함을 털어놓기도 한다. 하나의 채찍을 든 셈이다. 그러나 떳떳한 양심의 채찍을 들어야 한다.

마구 쳐라 맞을수록 당당하다
눈치 두려움도 잊고
신바람 씽씽
맘껏 돌고 도는
장기 자랑에
누가 흠씬 때려다오
맞아야 산다는 넋두리 한마당

- 팽이

선거철이 되면 출마자는 유권자의 눈치를 슬금슬금 본다. 채찍이 두려운 것이다. 구미에 당기는 선심성 공약을 마구 쏟아낸다. 그러나 흐지부지 되는 경우가 다반사였다. 채찍의 매운 맛을 제대로 맛보지 못한 것이다. 당연히 해야 할 일도 하지 않고 거드름을 피운다. 이리저리 법이 어떻고 핑계를 둘러댄다. 그리 쉽지 않은 일로 보다 긍정적인 방향으로 검토하고 추진하기보다는 마치 할 수 있는 일도 못하도록 가로막고 있지 싶다. 채찍에 팽이가 제대로 돌아가듯 쓴 소리 잔소리에 올바르지 못한 사회의 구석구석을 정신 똑바로 차리고 제대로 돌아갈 수 있도록 채찍을 하여야 한다. 건전한 팽이로 팽팽 돌아가며 해맑간 웃음소리가 쏟아져야 한다.

지난여름 장마로 버드내에 쓰레기가 수없이 떠내려 왔다. 열흘이 지나도 그대로 방치되어 볼썽사나운 것은 물론 악취가 났다. 끝내 시민의 계속된 쓴 소리 항의를 받고서야 변명 같지 않은 변명을 하며 치웠다. 채찍의 힘이다. 세상은 멎지 않고 자꾸 돌아가야 한다. 그래서 명분을 줄 수 있는 당근과 더불어 채찍도 필요하다. 열심히 달려야 할 말이 비실비실 말썽만 부린다면 어쩌겠는가. 채찍에 정신을 차리거나 도태시킬 수밖에 없을 것이다. 인간은 채찍이 멎으면 곧바로 멎는 팽이와는 다르다. 신체적인 제재가 아니라도 제대로 팽팽 돌아가야 한다. 오로지 채찍만이 능사일 수는 없다. 잘한 사람은 힘찬 박수와 함께 그에 걸맞은 대우를 받아야 한다.

2016. 12. 27.

입방정 구설수를 찧는다

세상에서 입만큼 고마울 데가 또 있을까. 연신 먹을거리로 즐겁게 한다. 말을 해야 서로 소통을 할 수 있는가 하면 속삭이며 정을 나누기도 한다. 그런데 가끔은 이놈의 입 때문에 망신살이 뻗치기도 한다. 세치 혓바닥의 입조심을 하라는 말이 있다. 입단속 잘못하였다가 패가 망신하는 일도 있다. 남의 가슴에 대못을 박으면 자신의 가슴은 아주 편안할까. 그렇게 살아갈 수 있을까. 지나쳤지 싶어서 좌불안석이다. 분위기 따라 할 말이 있고 해서 아니 될 말이 있다. 상갓집에서 큰소리로 시시덕거리면 누가 좋다고 하겠는가? 잔칫집에서 엉뚱한 이야기나 늘어놓고 술주정에 울상으로 판을 깨려들면 누가 좋다 하겠는가? 정신 좀 차려라.

모임에 나가서 혼자 잘난 척 떠들어 대며 이러쿵저러쿵 흠이나 잡으려 하면 누가 좋다고 하겠는가? 방앗간에 참새라는 말이 있다. 남의 일에 필요 이상으로 끼어들어 혼자 난 척 조잘조잘 대면 누가 좋다 하겠는가? 철났다는 말이 있다. 말 한 마디로 천 냥 빚을 갚는다고도 한다. 눈치가 빠르다는 말이 있다. 축하할 자리가 있고 위로할 자리가 있다. 혼자 기고만장 하면 꼴불견에 어찌 보겠는가. 겸손이라는 말이 있다. 자신을 낮추고 상대를 높임으로 오히려 품위 있어 보인다. 보태고 보태다가 부족해 없는 것까지 만들어 까발리며 혼자 엄청 대단한 사람인 것처럼 으스대는 꼬락서니가 가관으로 인상을 찌푸리게 한다. 정신 좀 차려라.

익을수록 고개를 숙인다는 말이 있다. 가만히 있어도 향내가 솔솔 우러나듯 알 만한 사람은 다 알아서 존경한다. 혼자 잘났다고 찧고 까불어보았자 제풀에 먼저 빈 쭉정이 되어 훌훌 날아가 버리는 것이다. 잘못된 일에 뒤늦게 변명을 늘어놓고 핑계를 일삼는 사람이 있다. 너무 술이 과해서 그만 그놈의 술 때문에 그랬다고 얼버무리려고 한다. 순간적으로 정신이 오락가락 했다는 것이다. 속이 훤히 들여다보인다. 술술 잘도 풀어놓더니 결국 술에게 책임을 떠넘기려 한다. 술이 뱃속에 들어가 그렇게 하라 시켰다는 이야기다. 평소 담고 있던 감정이 통제할 수 없어 틈새를 비집고 살그머니 빠져나와 일을 만들은 거다. 정신 좀 차려라.

침묵이 금이라는 말이 있다. 조용히 입 다물고 있어도 알 사람은 다 안다. 그놈의 입방정에 독설로 회복하기 어려운 상처를 만들고 비수가 되어 메아리처럼 되돌아와 목을 옥죄는 구설수 망나니가 되기도 한다. 안하무인이란 말이 있다. 잔잔한 호수에 돌팔매질하고 물결이 인다고 나무란다. 가만히 서있는 나무를 흔들며 왜 거기 있느냐고 되레 큰소리치는 바람과 같아서야 되겠는가. 함께하는 세상은 정도라는 것이 있다. 칭찬보다 더 친절한 말은 없다. 덕담보다 큰 선물은 없다.

남을 비하하면서 멋대로 내뱉은 말은 되돌릴 수가 없다. 자기가 한 말은 책임지는 것이 도리다. 하늘을 우러러 한 점 부끄럽지 않아야 한다. 정신 좀 차려라.

남을 얕잡아 깎아내리는 막말을 하다가 먼저 뒤통수 맞는다. 막말이 여기서 출렁 저기서 출렁 경연장을 방불케 한다. 우선 상대방을 제압하고 보자는 심보이다. 인기만을 의식하고 아니면 그만두라는 식으로 멋대로 지껄이다가 뒤끝이 좋을 리 없다. 말장난은 처음에는 그럴듯해 전파속도나 범위가 엄청나고 예리해서 큰 상처를 주지만 거짓은 진실을 이길 수 없는 것이다. 결국 자신에게 화살이 되돌아와 큰 내상을 입게 된다. 자기가 한 말은 자기가 책임을 져야 한다. 말은 한 번 내뱉으면 그뿐 다시 주워 담지 못한다. 적당히 얼버무려 될 일이 아니다. 말이 말을 만들어내므로 신중해야 한다. 남아일언중천금이라 했다. 정신 좀 차려라.

- 2016. 04. 28.

50년만의 여행

우연한 계제에 고등학교 동창을 졸업 후 50년 만에 만나 함께 여행을 떠났다. 미처 이런 날을 꿈꾸지 못했다. 인생 50년을 돌고 돌아 노년에서 만났다. 만약 처음부터 계획된 것이라면 50년은 너무 멀고멀어 기다리기 지루했을 것이다. 아니 중간에 포기했을지도 모른다. 살아오면서 이런저런 이유로 핑계거리가 그 얼마나 많았던가. 가만히 돌이켜보면 한 일보다 못한 일이 훨씬 많았음에 새삼 놀랍기도 하다. 말 그대로 작심삼일이었다. 어찌 보면 나는 나에게 거짓말쟁이였는지도 모른다. 그것은 선의가 되었든 악의가 되었든 습관적이었다. 그래도 아무렇지 않게 여겼다. 아무튼 조금은 뿌듯한 설렘으로 떠나고 돌아올 수 있었다. 친구야, 고맙고 정말 너희들이 자랑스럽다.

그런데 50년의 세월은 하나도 문제가 되지 않았다. 장벽이 아니었다. 처음에는 어떻게 하면 알차게 보낼까, 어떻게 하면 즐거울까 생각을 담아보기도 했다. 그러면서 보다 많은 것을 보고 듣고 생각하는 시간이었다. 그냥 마음만이라도 그 시절로 돌아가면 편안할 수 있고 마냥 즐겁기만 한 것을. 모든 일은 마음먹기 나름이라고 하잖아. 바로 그게 그 말이었을 줄이야. 비록 4박 6일이지만 많은 것을 얻고 깨달았다. 그러고 보면 새삼스럽지만 여행이란 이렇게 갑작스러워도 좋은 것을. 그간 많은 여행을 하였으면서도 이번은 더 들뜨고 다른 느낌으로 다가왔었다. 그것도 나 혼자가 아닌 더 낯 설은 서로의 배우자까지 동반하여 떠나는 여행이기에 주춤주춤 더욱 그랬던 것이다.

큰 부담스러운 일 없이 그런대로 그럭저럭 서로 마음은 맞을지. 서로 다소 못마땅해도 중간에 다투다가 되돌아올 수 없는 일이잖아. 그렇게 쉽게 포기할 수 없는, 작심삼일이 아니잖아. 그래서 더 각별하게 기대가 되기도 하였나 보다. 그런데 돌아보면 4시간씩 비행기를 타고 한밤중에 현지 도착하고, 한밤중에 비행기 타고 새벽녘 인천공항에 도착하였으니 마치 밤도깨비처럼 오고간 것 같다. 하기야 멀쩡한 대낮에 좁은 공간에 갇혀있는 것보다는 밤이라는 어둠이 조금은 위안이 되었는지 모른다. 어쨌거나 지루할 만큼 탑승수속을 하려고 일찍 서둘러 많은 시간을 기다리고 기다리며 나름대로 불편해했지만 그래도 스스로 택한 아름다운 구속이라고 퍼뜩 떠오르는 거다.

이제 다시 50년은 없겠지. 이제는 너무 길고 길어 기다릴 수 없겠지. 그만 망상에서 벗어나. 그 십분의 일쯤인 5년은 몰라도 그럴 시간적 여유가 없는 거겠지. 그래도 이번 4박 6일은 짧으면서 짧지 않은 시간으로 동거하다가 다시 일상으로 돌아왔으니 열심히 살아가야지. 비록 한 번 여행하는데 50년이 걸렸지만 그래도 그런 날이 있었노라고 자랑스럽게 여기면서 좋은 추억으로 소중하게 간직해야지. 그러다 살짝 꺼내보면서 마치 그 때 그 일은 너희들만 알고 나만 알듯이 신비스러운 비밀처럼 배시시 알 듯 모를 듯 웃음을 머금어도 괜찮겠지. 너희 아니 각시까지 8명 모두 함께 건강하자. 『건강이 제일이란다.』 50년만의 여행을 마무리 지으며 남기고 싶은 한마디다.

- 2019. 03. 01.

끝나야 끝난 것이다

한 쪽에서는 일방적일지 몰라도 다른 한 쪽은 기다림이 있다. 기다림에는 그만한 인내가 필요하다. 그래야 뜻을 이룬 듯 만남이 있다. 만남에는 설렘이 동반한다. 기다림과 만남 그리고 인내와 동반이 삭막하고 답답한 삶을 보다 푸근하게 감싸기도 하고 털어내면서 위안으로 받쳐주는 힘이 되기도 한다. 그마저 없었으면 힘겨움에 지치고 찌들어 모래알 같은 막막함에 희망이라고는 없어 퍽 쓰러지듯 주저앉기 십상이다.

때로는 그럴 것 같다는 좀은 막연하지만 명분이라도 있어야 가뭄에 한 방울 이슬을 기다리는 심정으로 어려움을 딛고 희망의 앞길을 담아내는 출구로서의 활력소 역할을 할 수도 있을 것이다. 캄캄한 밤으로 망망한 어둠의 바다에서 한 줌 불빛이 들어오는 등대의 역할이기도 한다. 우리의 삶은 안쓰러워보여도 지난날로 사는 것이 아니라 내일을 내다보며 기대를 걸고 꿈을 담으며 기다림에 오늘을 시나브로 이겨낸다.

한겨울에 기습적인 추위보다는 오히려 겨울이 끝날 무렵에 으스스한 것이 꽃샘추위라며 더 추위를 느끼게 한다. 실제 온도는 훨씬 높은데 체감온도가 다르다. 마음이 너무 성급했나 보다. 마음만 서두르며 긴장이 풀어졌다. 마음의 농간이기도 하다. 마음이 줏대를 제대로 잡지 못하고 마음이 흔들린 것이다. 밥이 다 될 무렵이면 시장기를 더 느낀다. 배고픔이 확 밀려든다. 불과 몇 분을 끝내 참지 못해 성급해진 것이다.

산행을 해도 그렇다. 가파른 비탈을 땀 뻘뻘 흘리면서 아주 힘겹게 오르는 길보다는 힘 덜 들이고 펄펄 날듯이 내려오는 길에서 더 예기치 못한 안전사고가 일어나는 일이 많다. 이제는 끝나간다는 안일함에 그만큼 긴장이 풀리면서 은근슬쩍 얕잡아보는 마음이 들었는지 모른다. 어디 이들 뿐만 그렇던가. 매사가 그럴 수 있다. 그래서 마무리가 더 중요하고 힘들기도 하다. 이처럼 끝마무리 될 무렵이 더 조심스럽다.

미처 예기치 못한 일이 생겨나면서 얄팍한 속을 훤히 드러내거나 다된 일을 그르치기도 한다. 다 끝난 것으로 여기며 서둘러 마음이 풀어진다. 일상에서도 그렇다. 음식을 나르다가 넘어지거나 마지막 순간에 그만 놓치면서 엎어버리기도 한다. 먹어야 먹은 것이라고 한다. 직장에서 승진한다고 소문이 파다했는데 발표를 보니 아니다. 마지막에 뒤바뀐 것이다. 실망이 이만저만이 아니다. 매사 끝나야 끝난 것이라 한다.

- 2019. 03. 08.

안에서는 보이지 않는다

짙은 안개 속에 들면 사방팔방이 보이지 않는다. 잘하고 있는지 못하고 있는지 쉽게 판단이 서질 않는다. 안개정국이라고 한다. 어디로 가야할지 모른다. 잘 가고 있는지 모른다. 그러나 바깥에서 보면 의외로 실마리를 찾을 수 있다. 보다 좋은 판단을 할 수 있다. 알려주면 기꺼이 받아들여야 한다. 시비를 걸고 있다고 하면 안 된다. 그 속에서 벗어나야 한다. 안개는 혼자의 힘으로 돌려놓거나 걷어낼 수가 없다. 우선은 빠져나와야 한다. 깊은 물에 빠지면 아무 생각이 없다. 오로지 물에서 빠져나와야 살 수 있을 뿐이다. 그러니 거기에 이런저런 주문을 해본들 귀에 들어올 리가 없다. 일에는 완급이 있다. 우선 빠진 사람부터 건져 놓고 보아야 한다.

그런데 엉뚱한 소리를 한다. 물에 빠진 사람 건져 놓으니 내 보따리를 내놓으라고 되레 으름장을 놓는다. 참으로 황당하고 답답한 일이다. 구해준 것을 고맙게 여기는 것이 아니라 보따릴 훔쳐갔다고 한다. 구해준 것을 후회할 수밖에 없다. 다시는 그런 일을 하나 보라고 이를 악문다. 참으로 허망한 일이다. 자기가 살겠다고 엉겁결에 이것저것 다 내동댕이치고 염치 좋게 보따리 타령을 하고 있다. 저런 뻔뻔하고 두꺼운 얼굴이라 할 수밖에 없다. 그렇다고 그 지경에서 모른 척 외면할 수도 없었고 이래저래 난감한 일이다. 에라, 모르는 것이 약이다. 굳이 나를 끌어들이지 말라고 한다. 여북하면 나하고는 아무 상관없는 일이니 긴 말 하지 말라 한다.

군중에 휩싸이면 앞도 뒤도 위아래에 옆도 없이 시끄러워 보이지도 들리지도 않고 판단할 여유가 없다. 그냥 군중의 힘에 의하여 휩쓸려 가기 일쑤다. 그것이 그냥 옳다고 여기기 십상이다. 자신의 목소리를 낼 수가 없다. 내놓아도 군중이 알아듣지를 못한다. 첩첩이 싸여 빠져나가기조차 쉽지 않다. 엉뚱한 힘이 작용을 하여 통제 불능이 된다. 장마철에 한 방울의 빗물이 모여 성난 황톳물이 되고 휩쓸려가면서 홍수사태를 빚는 모양새와 같을 수 있다. 뒤늦게 너무 격렬하였다고 후회하지만 이미 저질러진 일로 돌이킬 수 없는 큰 상처로 남게 된다. 그 지경에 이르면 누가 나서 제재하려 해도 쉽지 않고 되레 참변을 당하며 희생자가 될 수도 있다.

군중심리라고 한다. 군중재판이라고 한다. 우르르 몰려가면서 누군가 선동하면 옳고 그름을 논하기 전에 엄청난 힘을 발휘하게 된다. 마치 산꼭대기에서 돌멩이 하나가 앞을 가리지 않고 굴러내려 가면서 날뛰는 것 같다. 처음에는 대수롭지 않다가도 점점 펄펄 뛰고 엄청난 힘을 내는 것과 다르지 않을 수도 있다. 자칫 정면으로 맞서다가 그 저돌적인 돌에 맞으면 결과는 일방적일 수밖에 없다. 그러니 우선 피할 수밖에 없다. 순식간이고 통제 불능으로 대화며 협상이 있을 수 없다. 끼어들 틈새라고는 없다. 이처럼 안에서는 보이지 않아 모르는 일이 많다. 그래서 엉겁결에 넘기고 지나치기도 한다. 그래서 밖으로부터 누군가의 도움이 필요하다.

혼자보다는 서로 보완해 주어야 한다. 그런데 쓸데없는 자존심이나 고집에서 받아들이지 않으려 한다. 자기를 모함하고 이용하려고 한다는 의심과 불신으로 받아들이지 않다가 더 큰 손해와 변을 당하기도 한다. 그래서 못난이라고 한다. 눈을 뜨거나 쥐어주어도 모른다고 한다. 남은 다 아는데 왜 너만 모르느냐고 어리석기 짝이 없다고 한다. 뒷전에서 나만 억울하고 지지리 복도 없는 놈이라고 신세타령이나 한다. 도대체 그동안 자신이 행한 짓은 돌이켜보지 않고 오로지 남의 탓만 해댄다. 나는 다 옳았는데 운이 나빠서 그렇다고 은연중 자신을 감싸며 지키고 위로하는가 보다. 그래야 조금이라도 직성이 풀릴 수 있나 보다. 참으로 한심스런 일이다.

사회생활하면서 독불장군일 수 없다. 혼자면서 함께여야 한다. 내가 있고 이웃이 있다. 이웃이 있어 내가 있다. 서로 존중하고 서로 나누고 배려하면서 살아야 한다. 혼자 살면 잘 살 것 같아도 아니다. 같이 어울려야 더 잘 살 수 있다. 하나는 그냥 하나일 뿐이다. 둘은 둘 이상의 아이디어와 에너지가 나오는 것이다. 나는 다른 사람의 거울이고 남은 나의 거울이라고 한다. 내가 나만 보려고 하는데서 문제가 생긴다. 물론 나는 나고 너는 너지만 남을 보면서 자신을 보고 나를 고쳐가야 한다. 내 얼굴을 거울처럼 보고 있을 누군가를 위해서 얼굴을 환하게 가져야 한다. 서로서로 그런 마음 그런 모습에서 세상이 보다 환히 보이고 즐거워질 수 있다.

- 2019. 03. 04.

항상 부족한 마음

아무렇지 않고 보잘 것 없던 것들이 어느 날 간절해질 때가 있다. 그만큼 그 가치가 치솟으며 재평가 된다. 평소 대충대충 넘겼는데 심각하다. 당연하게 여겼는데 아니다. 그 실체가 무엇인지 새삼 돌아보게 된다. 변화된 모습에 당황하며 하루 다르게 가치가 상승을 한다. 그만큼 평소 흔할 때는 모르다가 부족해지거나 없어야 비로소 그 진가가 드러나게 된다. 매사 그런 식이다. 우리의 주변에 일어나는 일들이 그렇다.

요즈음 연일 미세먼지로 심한 고통을 겪고 있다. 심지어 숨쉬기에 목이 칼칼하고 외출하기를 꺼려한다. 마스크를 한다지만 시늉을 내는 정도에 지나지 않는다고 해도 지나치지 않지 싶다. 바깥을 내다본다. 하늘을 올려다본다. 뿌옇게 흐리멍덩한 날씨로 마음까지 금세 같은 모양새를 하고 있다. 조심스러움을 넘어 두려워진다. 푸른 하늘 맑은 햇살이 그리워지는 날이다. 저 멀리까지 훤히 보이는 세상이 새삼 아롱댄다.

항상 부족하다. 만족은 잠시이고 다시 도전한다. 개선하고 좀 더 나아지려고 한다. 그렇게 적응해 가며 발전하고 시간이 흐르면서 삶이 무르익어 간다. 흘러가는 물이 멈추지 못하듯 살아있는 우리도 오래도록 한 곳에 머물지 못하여 어느 순간 새로움을 찾아 나선다. 그래서 어제는 좋든 싫든 내려놓으면서 어느 형태로든 정리가 되고 오늘 다시 떠난다. 내일이라는 기대감으로 희망을 안고 오늘을 기꺼이 불태우고 있다.

우리는 가끔은 하늘을 바라보는 해바라기가 된다. 요즘은 초미세먼지로 온 세상이 종일토록 희뿌옇게 찌푸려 대낮에도 길을 나서기에 주저하게 된다. 그러나 머잖아 다시 맑은 햇살이 쏟아질 것을 알기에 참고 기다릴 줄을 안다. 하늘에 해를 보는 해바라기가 된다. 마음의 문을 열고 우중충한 기분을 훌훌 털어내며 활기를 찾는다. 발걸음이 가뿐하니 당당하게 내딛는다. 겨울을 나고 봄을 맞는 봄맞이에 싱그러움이다.

반복해서 다가오는 봄이지만 매번 싱숭생숭 새롭다. 마치 처음인 것처럼 설렘도 있다. 더구나 추위 속에 삭막했던 겨울을 벗어나 맞는 봄이기에 더욱 그렇다. 초록으로 싹트며 화려한 꽃을 피우고 세상을 채울 수 있기에 또한 그렇다. 따스한 햇살이 있기에 그럴 것이다. 뭔가 씨앗을 뿌리며 희망의 새싹을 가꾸고 펼칠 수 있으리라는 마음 때문일 것이다. 하루가 막연한 꿈이 아닌 현실로 펼쳐지기 때문에 그럴 것이다.

처음 맞는 봄처럼 처음 가는 길처럼 신비감에 빠져든다. 삶은 은연중 변화를 바란다. 그 날이 그 날이 아니듯이 정적이 아닌 동적인 새로운 변화를 바란다. 새 날 새 길이기를 바라며 활력소가 된다. 봄의 모습이 직접 보이지 않아도 자연스럽게 몸으로 느끼고 그 속에서 순응하며 야릇한 하루를 맞고 보내는 동안 봄은 이미 저만큼 떠나가고 있는가 보다. 그래도 설레는 마음 자연 속에 크게 벗어남이 없이 하나가 된다.

- 2019. 03. 17.

꽃도 눈높이에서 잘 보인다

사물은 자신의 눈높이에서 가장 잘 들어온다. 모두를 아우르면서 이해하기 쉽고 한눈에 확 들어오면서 거리낌 없이 느낌이 진하게 나타난다. 곱게 피는 꽃도 적당한 거리 같은 눈높이에서 보아야 더 잘 보이고 환하게 들어온다. 나무가 너무 커서 머리 위쪽에 있으면 꽃을 느끼기에는 부족하다. 저만큼 떨어져서 잘 보이던 것이 그 밑을 지나며 건성으로 지나치게 된다. 눈높이가 다르기 때문이다. 그렇다고 고개를 쳐들어 바라보기에는 편하지가 않다. 대등한 가운데 자연스럽게 바라보아야 보다 잘 들어온다.

보문산에 꽃구경을 갔다. 산기슭에 분홍빛 진달래다, 공원에 샛노란 개나리와 하얀 목련이 피고 벚꽃까지 한꺼번에 활짝 피어 함께 어우러졌다. 꽃들이 뒤섞여 있어도 금세 구분될 만큼 개성이 뚜렷하다. 꽃도 즐거운 마음으로 보아야 더 돋보인다. 아름다움이 더한다. 마음이 편안해 여유가 있어야 곱게 들어온다. 같은 눈높이로 보아야 더 아름답다. 확실하게 들어온다. 곁눈질하듯이 눈높이가 안 맞거나 건성이면 꽃의 그 진가를 가늠할 수 없다. 꽃은 꽃다워야 하듯 꽃을 받아들일 자세가 되어 있어야 한다.

꽃이 아무리 많고 꽃이 아무리 아름다운들 보지 않거나 마음이 뒤숭숭하여 관심이 없으면 꽃이 꽃답게 들어올 리 없다. 꽃은 굳이 꾸미지 않아도 어느 순간에 꽃으로서 최상의 모습을 드러내며 뽐낸다. 물론 누군가에게 특별히 보여주기 위한 것은 아니지만 보는 이에 따라서는 그렇게 받아들일 수도 있다. 봄이면 수많은 꽃이 줄을 이어 피어난다. 마치 순서를 기다리고 있는 듯싶고 서두르는 듯싶고 때로는 미처 참지를 못하고 새치기하는 듯싶기도 하다. 꽃이 경쟁하듯 피어난다. 앞 다투어 피어난다.

비실비실 볼품없던 나무나 고목에서 더 아름다운 꽃이 피어나지 싶기도 하다. 그만큼 안쓰러워 보인다. 하지만 꽃이 피니 나무를 다시 보게 된다. 봄날 진달래, 개나리, 목련, 벚나무가 꽃이 피면 가슴이 두근거릴 만큼 아름답지만 꽃이 없으면 정말 보잘것없는 나무에 지나지 않는다. 열매가 소담하게 열리거나 맛이 좋은 것도 아니다. 여름이면 나무가 무성하여 시원한 그늘을 만들거나 가을이면 곱게 물든 단풍에 인기를 끄는 것도 아니다. 그렇다고 나무가 품위 있어서 요긴하게 쓰이는 것도 아니다.

이처럼 변변치 못하다고 하여도 누구 하나 크게 이의를 달지는 않을 것이다. 주변에 늘 변함없이 줄지어 있어도 있는 둥 마는 둥 그냥 건성건성 넘기기 일쑤다. 이름조차 거론하는 일이 없고 굳이 알아보려고도 하지 않는다. 그러나 긴긴 겨울을 나며 봄날이 오고 있음을 알리듯 환하고 곱게 꽃이 피어나면 대뜸 달라진다. 다시 그 존재를 확인하게 된다. 여기에 이런 나무가 있었구나. 정말 꽃이 아름답구나. 스스럼없이 감탄을 자아내게 하면서 겨울을 툭툭 털어내고 봄기운에 젖어들어 마음의 새싹이 돋는다.

저 나무들은 비록 자신을 기억해 주지 않지만 봄 한철이라도 은연중 화려한 자태를 뽐내면서 사람들을 황홀하게 한다. 그러나 만물의 영장인 사람들은 일 년이 아니라 평생을 두고도 이처럼 관심의 눈길을 끌어당기기가 쉽지 않다. 비록 무명의 나무라도 이런 봄날을 맞이할 수 있으니 그 얼마나 자랑스러운 일인가. 사람은 매년이 아닌 일생에 단 한 번이라도 이처럼 관심을 독차지 할 수 있으면 크게 성공한 사람이라고 할 것이다. 그러나 너무 많은 것을 바라며 욕심을 부릴 일은 아니지 싶기도 하다.

어찌 나무나 꽃을 보는 눈높이나 마음가짐만 그럴까? 사회생활을 하면서 같은 모습으로 비쳐지는 경우가 허다할 것이다. 그래서 못 오를 나무는 쳐다보지 말라고 했다. 다시 말해 너무 지나친 욕심은 삼가라고 하였다. 그만큼 허황된 일일 수 있다는 것이다. 마음과 마음이 같은 수준이듯 같은 눈높이에서 알아보기 쉽고 받아들이면서 이해하기 쉬우니 정겨움이 돈독해지고 소통이 원만할 것이다. 자신의 눈높이에서 세상도 잘 보이며 자연스럽게 끼리끼리 만나게 되고 잘 어울린다는 소리도 들을 수 있을 것이다.

- 2019. 04. 08.

갈수록 깊어지는 궁금증

지금쯤은 어떻게 되었을까? 자꾸 조바심 같은 궁금증으로 더 궁금해진다. 갈수록 점점 깊어지는 궁금증이다. 그것도 관심이지 싶다. 관심조차 없으면 아마 궁금증도 이처럼 심각하지는 않을 것이다. 대중에는 이웃이 있어도 이웃이 없다고 한다. 그만큼 관심이 없는 것이다. 요즈음은 오로지 이기심으로 가득 차 자신만 앞세우고 소통이나 배려가 부족하다. 문득 누구일까? 뭐하는 사람일까? 어떻게 생겼을까? 그 집 앞에서 뜬금없이 궁금해 하다가 꺼져가는 불씨처럼 아무렇지 않게 사그라진다. 그러다가 어느 시점에 남았던 불씨처럼 되살아나기도 한다. 생각의 틀이나 이해관계가 자기중심으로 바뀌다 보니 자연스럽게 그럴 수밖에 없을 것이고 또 당연하게 받아들인다. 그렇게 마음에 젖어들고 배어서 이미 습관화된 셈이다.

마음의 여유가 있을 때 궁금증은 커진다. 생활에 몹시 쫓기거나 골머리를 앓고 있으면 그마저 부담스러운지 석연치 않다. 너무 바쁘거나 피로하면 관심 밖으로 밀려나기 일쑤다. 내 코가 석자인데 한가롭게 궁금증이 고개를 쳐들 여력이 없어 크게 문제 되지 않는다. 고개를 들어도 금세 지나치면서 슬그머니 숙이게 된다. 길을 가다가 길 가운데 가려진 것이 있으면 괜스레 궁금해진다. 바쁘다 보면 그런 모습이 들어오지 않는다. 마음에 여유 같은 틈새가 있어야 들어온다. 갑자기 고향생각이 나고 궁금해진다. 옛 친구가 생각나기도 한다. 뉴스를 보는데 고향이야기가 나왔다든지 어느 형태로든 그런 분위기에 접하다 보면 자연스럽게 잠재의식을 일깨우고 잽싸게 스치며 파문처럼 번진다. 추억을 떠올리며 그럴 수 있다.

직접 보거나 보이지 않아노 순간적으로 진하게 전헤지는 감정이 있다. 그야말로 밑도 끝도 없는 셈이다. 그러다 제풀에 사그라지면서 마치 바람이 지나가고 언제 그랬느냐 하듯 머쓱해지기도 한다. 궁금증이 그리움과 뒤섞이면서 혼동이 되기도 한다. 궁금증과 그리움은 특별한 절차나 모양새를 필요로 하는 것이 아니다. 그냥 끝 모를 궁금증이고 그리움으로 서로 닮아 보이기도 하고 전혀 무관하기도 하다. 그런가 하면 도저히 지울 수 없어 또 다른 궁금증이나 그리움으로 발전하기도 한다. 떨치고 달아나지 못하도록 옥죄고 있는 것 같다. 일의 매듭이 분명하지 못하면 의문에 휩싸이게 되고 궁금증이 되어 뒷맛이 남게 된다. 뒷맛이 떠돌면 뒤끝이 좋을 리 없어 껄끄럽다. 따라서 껄끄러움을 씻어내야 개운해질 수밖에 없다.

때로는 내 뒷모습이 궁금하고 지난시절이 궁금하며 그리워지기도 한다. 때로는 나빴던 추억이나 아픔까지도 그리움이 되고 그때는 왜 그랬을까 하는 궁금증이 들기도 한다. 그리움에 기다림이 있다면 궁금증에는 후회 같은 것이 곁들여 있다가 스스로 잦아들기도 하고 한

(恨)이 되기도 한다. 살아가면서 궁금증이나 그리움 몇 개쯤은 알게 모르게 늘 몸에 달고 다닌다. 어쨌든 잘 풀렸으면 한다. 그만큼 완벽하지 못한 아쉬움이기도 하다. 궁금증이 있다는 것은 다시 확인하는 것이고 그리움으로 기다림이 있다는 것은 희망이 있는 것이기도 하다. 나이가 들수록 알고 싶은 것이 많아서인지 궁금증이 늘어난다고 한다. 관심에서 적당히 벗어나도 좋을 텐데 쉽지 않은 모양새다. 밀려나는 것 같아서 서운하게 다가오는가 보다.

- 2019 05. 12.

후기

제12수필집
『버드나무는 바람을 즐긴다』

문학사랑협의회 회장 박종국 수필가의 수필집 『버드나무는 바람을 즐긴다』가 발간되었다. 박종국의 12번째 수필집 『버드나무는 바람을 즐긴다』는 충청도의 젖줄인 금강이 지류에서부터 금강으로 서해바다에 닿기까지의 일체를 수필의 대상으로 삼은 책이다.

박종국 수필가는 충청인의 터전이요, 서정의 보고로서의 금강을 사랑하는 분이다. 〈충청의 젖줄 금강은 천리를 내닫는다. 금강은 전라북도 장수의 신무산(895m) 자락 7부 능선 뜬봉샘에서 발원하여, 진안, 무주, 금산, 영동, 옥천, 보은, 청주, 대전, 세종, 공주, 청양, 부여, 논산, 익산, 군산, 서천 장항까지 397.8km 거리로 장장 천 리 길의 큰 강이다. 금강유역의 공주, 부여는 삼국시대 백제의 수도였으며 1,300여 년이 흐른 뒤에 다시 세종이 행정수도로 발돋움하고 있다. 그간 산이나 섬에만 관심을 두었다가 우연한 계제에 『비단물결 금강천리 트레킹』을 하면서 금강이 몸살을 앓고 신음하고 있는 것을 보았고 금강을 눈여겨보게 되었다.〉고 밝힌다. 그리하여 금강 주변의 자연과 삶을 수필로 빚어낸다.

'비단강(錦江 금강)이 궁금하거든, 금강을 어떻게 노래했는지 궁금하거든, 박종국의 12번째 수필집『버드나무는 바람을 즐긴다』를 읽으면 될 것이다. 축축 늘어진 수양버들도 바람이 불어야 흔들리고, 이 바람을 즐겨야 아름다운 것이다.

서평

수필가 박종국은 11권의 수필집을 발간하고, 대전문화재단에서 [2017년 원로문인 창작활동 지원사업] 수혜자로 선정되어 2018년 1월에 제12수필집으로『버드나무는 바람을 즐긴다』를 발간하였다. 그는 스스로 '버드나무'에 자신을 의탁하였듯이, '금강'에도 자신의 삶과 지향을 의탁한다. 그리하여 스스로 금강의 물이 되어, 금강의 발원지 '뜬봉샘'에서부터 시선을 하류로 옮긴다. 그 사이사이에서 만나는 자연과 이웃의 삶을 감동적인 수필로 빚는다.

이때 만나는 중요 매체가 바람이다. 바람의 속성을 이렇게 설명한다. 〈시도 때도 없이 바람이 불어온다. 때로는 아주 세찬 바람이 불어온다. 바람은 길녘에 장애물이 있어도 피하거나 돌아가지 않고 늘 정면 돌파한다. 그러다 보니 피할 수 없는 풀이나 나무가 피해를 많이 입는다. 웃자란 풀이 꺾이고 그렇게 꿋꿋하며 멀쩡하던 나무가 부러지고 훌러덩 넘어져 눕는다. 너무 강하게 부딪쳐 일방적인 피해를 당한 것이다. 바람은 흔적도 없이 사라지면 그뿐, 어디 하소연 할 곳이 없다. 그러나 휘휘 늘어진 가지에 연약해 보이는 버드나무는 오히려 바

람에게 길을 터주며 즐길 줄 안다.〉

함께 만나는 대상은 바람을 포함한 자연이다. 자연은 자연 속에서 가장 자연스럽다고 말한다. 그 자연에 대한 의미를 이렇게 설명한다. 〈자연은 혼자서만 보고 누리는 것이 아니라 누구나 보고 누릴 수 있는 것이다. 아무리 특정인이 구미에 맞게 잘 꾸며도 끝내는 자연 그대로의 모습만 못하다. 물론 사람이 살아가는 동네에 자연이라고 보존만 할 수는 없다. 편의를 위한 개발이 필요하지만 보다 성숙된 시민의식이 요구된다. 항상 뒤처리를 잘하고 주위를 돌아보는 마음가짐이 필요하다. 작게는 휴지 한 조각, 가정의 물 한 바가지에서부터 자연환경 보호를 위한 세심한 주의가 필요하다. 한 사람이 아닌 시민 모두가 한마음 한 뜻이 되어야 한다.〉

우리나라의 자연을 사랑하는 박종국 수필가는 우리나라의 산을 특별히 사랑한다. 참으로 난코스라는 '백주대간 종주'를 여러 번 해낸 의지도 작품에 투영되어 있다. 이렇듯이 그의 시각에 들어오는 자연은 모두 수필 작품으로 거듭날 것이고, 그래서 그가 빚어내는 수필 작품에 감동하고, 앞으로 그가 빚어낼 수필

작품을 기다리는 것이다. 금강이 있어 수필가 박종국이 있고, 그리하여 바람과 자연, 금강을 사랑하는 문학작품이 탄생되는 것이다.

- 리헌석(문학평론가, 사단법인 문학사랑협의회 이사장)

제13수필집
『코타키나발루에서 울란바토르』

시인이자 수필가인 박종국 선생이 기행문 중심의 13수필집 『코타키나발루에서 울란바토르』를 오늘의문학사에서 발간하였습니다. 박종국 선생은 수필집 13집, 19권의 시집, 4권의 동시집을 발간하여 다작하는 분으로 정평이 나 있습니다.

이 책은 기행문 중심의 수필집으로는 3번째 저서입니다. 특별히 문단 원로들의 창작의지를 북돋우기 위하여, 대전문화재단에서 마련한 [2018년도 '향토예술인 창작활동 지원사업']에 선정되어 발간되었습니다. 아시아권으로 여행을 준비하는 분들에게는 중요한 자료입니다.

서평

박종국 선생은 13수필집 『코타키나발루에서 울란바토르』를 발간하면서 다음과 같이 정리하고 있습니다. 자신이 답사한 지역의 특성과 내면의 울림을 융합하여 새로움을 간직한 책이면서 공감할 수 있는 저작물로 발간합니다. 그리하여 여행안내서 수준을 뛰어넘는 가치를 지닌 책으로 평가됩니다. 그가 밝힌 정리를 보겠습니다.

제1부 코타키나발루는 동남아의 허파라고 불릴 만큼 아직껏 많은 곳에 원시의 자연이 고스란히 보존되어 있는 보르네오 섬지역이다. 말레이시아의 일부로 코타키나발루를 중심으로 훼손되지 않은 자연을 돌아보았다. 적도가 가까워 몹시 무더웠지만 그 나름 이겨내는 법을 터득하였다. 원시 그대로의 모습과 개발의 물결로 허물어지는 현장을 엿보면서 우리나라도 다름없는 환경의 중요성을 돌아보게 한다.

제2부 블라디보스토크는 러시아의 연해주 지방으로 일제암흑기에 생활고로 더 이상 견디지 못하고 고향과 조국을 등지며 많은 사람이 이주하여 고려인으로 살았다. 그 어느 곳 못지않게 열렬히 독립운동을 펼쳤던 곳 중에 한 곳이다. 한인촌을 비롯한 우리 고려인의 삶을 들여다보고 피눈물로 부족해 목숨까지도 기꺼이 내놓았던 독립운동의 현장을 답사하면서 뭉클해진 가슴에 숙연해지지 않을 수 없었다.

제3부 울란바토르는 몽골의 수도로 칭기즈칸의 나라다. 산악지대란 척박한 땅에서 유목생활을 하며 살았으나, 13세기에는 세계를 제패하고 원나라

를 세워 중국의 한족을 지배하고 고려를 식민지화했던 몽골이다. 하지만 그 화려했던 역사를 지키지 못하고 지금은 지구상에 뒷골목처럼 초라하기 그지없는 나라가 되었다. 선조가 이룬 역사를 지켜낸다는 것이 얼마나 중요하고 자랑스러운지 새삼 깨닫게 하였다.

여행을 하다 보면 피로가 쌓이고 관심도가 떨어져 초심을 잃어가며 시큰둥해져 대충대충 지나치게 된다고 합니다. 그런 점도 감안하여 이번 여행은 3번으로 나눠졌으며, 코타키나발루에서 울란바토르는 부분적이기는 하지만 말레이시아와 러시아와 몽골까지 들여다본 3국지인 셈이라고 밝힙니다. 대전문화재단의 2018년도 '향토예술인 창작활동 지원사업'에 선정되어 발간한 저서입니다.

- 리헌석(문학평론가, 사단법인 문학사랑협의회 이사장)

| 작가의 약력 |

* 충남 아산시 송악면 외암리 출생
* 오늘의문학 수필(隨筆) 등단
* 문예사조 시(詩) 등단
* 문학사랑 동시(童詩) 등단
* 세무사 시험 (제18회) 합격

『수필집』

* 01집 : 남산공원 맹꽁이
* 02집 : 버드내 초록마을
* 03집 : 향기가 묻어나는 풍경
* 04집 : 거미줄에 걸린 날
* 05집 : 백두대간
* 06집 : 그곳에 가보고 싶다
* 07집 : 억새의 노래
* 08집 : 뉴질랜드에서 호주 시드니
* 09집 : 그류 그런디 그게 어디 그류
* 10집 : 그곳에 내가 있었다
* 11집 : 지렁이가 죽었다
* 12집 : 버드나무는 바람을 즐긴다
* 13집 : 코타키나발루에서 울란바토르
* 14집 : 꽃 피니 나무가 보인다

『시집』

* 01집 : 고장난 시간들
* 02집 : 내 마음에 그물질하는 사람아
* 03집 : 그리움 놓고 가면
* 04집 : 나는 그대 얼굴로 그대는 내 얼굴로
* 05집 : 사랑 365
* 06집 : 다시 사랑 365
* 07집 : 또다시 사랑 365
* 08집 : 백령도에 비가 내린다. 上
* 09집 : 백령도에 비가 내린다. 下
* 10집 : 6월, 그날의 함성
* 11집 : 땀으로 씻어낸 지리산
* 12집 : 야릇한 돼지의 미소
* 13집 : 천지에 발 담그고
* 14집 : 개미 비상 걸기
* 15집 : 그대는 산에 가면 산이 되는가
* 16집 : 박종국 16 시집
* 17집 : 버드내 풍경
* 18집 : 고기 굽는 마을
* 19집 : 섬은 섬을 말하지 않는다

『동시집』

* 01집 : 바람은 싸움쟁이
* 02집 : 세모랑 네모랑
* 03집 : 물에 빠진 하늘
* 04집 : 가을 색종이

『문학관련 회원』

* 한국문인협회 문단정화위원
* 대전문인협회 감사(역임)
* 아산문인협회 회원
* 한국수필가협회 회원
* 한밭아동문학가협회 부회장
* 대전아동문학회 회원
* 대전.충남수필문학회 회원
* 한밭수필가협회 회원
* 문학사랑협의회 회장
* 대전문인총연합회 회원
* 대전펜문학회 감사
* 한국공무원문학협회 감사(역임)
* 한국공무원문학협회 자문위원
* 뜨락문학회 회장(역임)

『문학 관련 수상』

* 오늘의문학 신인작품상 (수필)
* 문예사조 신인상 (시)
* 문학사랑 신인작품상 (동시)
* 행정자치부장관상 (공무원문예대전)
* 국세청장상 (문학콘테스트)
* 대전광역시장상 (한글선양유공)
* 한국인터넷문학상
* 대전문학상
* 옥로문학상

* 예술문화공로 대전광역시장상
* 하이트 · 진로문학상
* 금강유역환경청장상 (참가후기 대상)

『기타』

* 백두대간 (지리산 천왕봉~금강산 향로봉) 종주-수필집 「백두대간」 발간
* 전국 유명 억새밭 답사 - 수필집 「억새의 노래」 발간
* 토요산악회 회장(역임)
* 디딤돌산악회 회장(역임)
* 산악회 『청청』 회장
* 복수동 초록마을 1단지아파트 경로당 회장

꽃 피니 나무가 보인다

박종국 제14 수필집

발 행 일 | 2019년 5월 31일
지 은 이 | 박종국
발 행 인 | 李憲錫
발 행 처 | 오늘의문학사
출판등록 | 제55호(1993년 6월 23일)
주 소 | 대전광역시 동구 대전로 867번길 52(한밭오피스텔 401호)
전화번호 | (042)624-2980
팩시밀리 | (042)628-2983
전자우편 | hs2980@hanmail.net
다음카페 | cafe.daum.net/gljang 문학사랑 글짱들
다음카페 | cafe.daum.net/art-i-ma 아트매거진(아띠마)

공 급 처 | 한국출판협동조합
주문전화 | (070)7119-1752
팩시밀리 | (031)944-8234~6

ISBN 978-89-5669-872-4
값 15,000원

* 이 책은 교보문고에서 eBook(전자책)으로 제작 · 판매합니다.
* 잘못 제작된 책은 바꾸어 드립니다.

* 이 도서의 국립중앙도서관 출판예정도서목록(CIP)은 서지정보유통지원시스템 홈페이지(http://seoji.nl.go.kr)와 국가자료종합목록 구축시스템(http://kolis-net.nl.go.kr)에서 이용하실 수 있습니다. (CIP제어번호 : CIP2019020845)

2019~2021 대전 방문의 해

* 이 책은 대전광역시와 대전문화재단에서 사업비 일부를 지원받았습니다.